Michèle Boulares
Jean-Louis Frérot

niveau avancé

GRAMMAIRE PROGRESSIVE DU FRANÇAIS

avec 400 exercices

CLE
INTERNATIONAL

27, rue de la Glacière – 75013 Paris

Édition : Michèle Grandmangin
Secrétariat d'édition : Christine Grall
Fabrication : André Doucet
Conception maquette et couverture : Evelyn Audureau
Mise en page : Florence Dhuy

AVANT-PROPOS

■ La **Grammaire progressive du français**, de niveau avancé, s'adresse à de grands adolescents ou adultes ayant suivi environ 250 heures de cours.

Par une méthode progressive, des exemples nombreux et pertinents pour renforcer les règles de grammaire, une langue authentique, cet ouvrage a pour objectif de rendre vivant et stimulant l'apprentissage de la grammaire.

Les règles grammaticales sont présentées tant dans une perspective de langue orale qu'écrite.

Les explications données privilégient le sens.

■ La **Grammaire progressive du français** est une grammaire d'apprentissage qui présente :

• sur la page de gauche, la **leçon de grammaire** proprement dite :
– un corpus de quelques phrases, dans un encadré, met en valeur le fait de langue à étudier,
– les règles énoncées pas à pas sont illustrées d'exemples ;
– des mises en garde, accompagnées également d'exemples, attirent l'attention sur une difficulté particulière.

• sur la page de droite, des **exercices d'entraînement** :
– ces exercices d'application permettent d'utiliser immédiatement ce qui vient d'être expliqué en face sur la page de gauche. Ils sont contextualisés par souci d'enseigner une grammaire vivante au service de l'expression et de la communication.

Des **exercices complémentaires** apparaissent dans les **bilans**. Ils ont une valeur d'évaluation formative.

■ La **Grammaire progressive du français** est une grammaire **pédagogique** :
– les explications grammaticales sont simples, le plus souvent de l'ordre de la phrase ; elles utilisent un minimum de métalangage ;
– des exemples clairs et nombreux illustrent chaque explication grammaticale ;
– la langue utilisée dans les exemples et les exercices est authentique. Quand l'exemple illustrant un point grammatical exige un niveau de langue soutenue, celui-ci est signalé ;

– le contenu linguistique et culturel des exercices a été choisi de façon à ne pas introduire de difficultés particulières pour l'apprenant ;
– l'organisation de chaque chapitre est progressive ; les grands points grammaticaux sont découpés en unités plus petites et autonomes.

Le développement à l'intérieur de chaque page de gauche est progressif ; la première partie assure le plus souvent le lien avec le niveau précédent, les autres parties apportent une information nouvelle.

20 pages d'annexes constituent un outil précieux pour l'apprenant : des tableaux de conjugaison, de concordance de temps, des listes regroupant les verbes selon leur construction avec les propositions « à » et « de », constructions mises en contexte.

Un index détaillé complète l'ouvrage et facilite la recherche personnelle.

Un livret de corrigés permet à l'apprenant de travailler en auto-apprentissage.

Les auteurs

SOMMAIRE

L'ARTICLE

> **Le** printemps est ma saison préférée.
> **La** Colombie est un pays qui nous attire.
> Il n'aime pas **la** ville, il préfère **la** campagne.
> En ce moment **les** affaires vont mal.
> **La** femme de Gilles est italienne.

L'ARTICLE DÉFINI (« le », « la », « l' », « les »)

■ Il est utilisé devant les noms qui désignent une personne ou une chose **unique** :

- les astres, les saisons, les dates, les fêtes :

  *J'aime **le** printemps.*
  ***Le** 15 août est une fête religieuse en France.*

- les continents, les pays, les régions, les océans :

  ***La** Seine se jette dans **la** Manche.*
  ***Le** Jura est une région où il y a des forêts de sapins.*

- les titres : ***le** Premier ministre ; **le** comte de Bourbon ; **le** général Redon.*

   • Les noms de ville sont utilisés sans article sauf quelques exceptions : *Le Havre ; Le Mans ; La Rochelle ; La Baule ; La Haye ; Le Caire.*

- Il faut noter l'emploi de l'article dans la construction du superlatif :

  *C'est **le** plus beau, c'est **la** plus gentillle.*

■ Il est utilisé devant des noms pour leur donner une **valeur générale** :

- les notions, les idées, la matière :

  ***L'**argent ne fait pas **le** bonheur.*
  ***L'**écologie est une préoccupation de notre époque.*
  ***L'**or, **l'**argent, **le** cuivre sont des métaux.*

- les noms qui désignent un **ensemble**, un **tout** :

  ***Les** Français aiment **le** fromage.*
  ***Les** gens n'aiment pas **le** changement.*

   • « Les » généralise mais en laissant possibles des exceptions :
  Les Français voyagent peu à l'étranger [= en général, ils ne voyagent pas beaucoup mais certains voyagent plus].
  • « Le », « la » généralisent mais sans exception :
  Le Français est fier de sa culture [= tous les Français sont fiers].

1 À partir des informations suivantes, faites la description de la personne concernée en utilisant « le », « l' », « la » ou « les ».

Nom : Lemarchand
Prénom : Corinne
Date de naissance : 12/12/1953
Résidence : La Rochelle
Pays : France

Sports pratiqués : natation, tennis, squash
Loisirs : cinéma, musique, danse moderne
Goûts alimentaires : poisson, fraises, glace
Préoccupations : faim dans le monde, écologie, condition féminine

Corinne Lemarchand est née _____

_____

_____

_____

_____

_____

2 Complétez avec « le », « l' », « la » ou « les ».

1. _____ curiosité est un vilain défaut, _____ jalousie l'est encore plus, quant à _____ avarice, c'est bien pire.

2. _____ économie aujourd'hui dicte sa loi à _____ politique et _____ progrès social n'est pas au rendez-vous. _____ hommes politiques sont à court d'imagination. _____ écologistes sont les seuls à croire qu'il faut revenir en arrière pour retrouver _____ bonheur. _____ Français se désespèrent. Toutes _____ catégories sociales sont mécontentes. _____ fonctionnaires, _____ employés des banques, _____ militaires, etc. _____ agriculture est en crise, _____ élevage aussi. _____ classe politique se plaint, _____ syndicalistes et _____ partis de _____ opposition prédisent un automne chaud. _____ argent roi fait le bonheur des uns tandis que _____ pauvres deviennent de plus en plus pauvres. _____ chômage et _____ exclusion inquiètent et désespèrent _____ gens.

3 Complétez avec l'article qui convient pour découvrir les représentations que les Français ont de certains animaux.

1. _____ hirondelle annonce soit _____ printemps soit _____ automne.

2. _____ coq signale _____ aube.

3. _____ chouette symbolise _____ malheur.

4. _____ escargots arrivent après _____ pluie.

4 Sur le même modèle, donnez les représentations qu'on a des animaux dans votre pays.

_____

_____

_____

_____

■ L'article défini est utilisé quand le nom est déterminé :

- par une proposition relative :

  *J'ai rangé **les** journaux **qui étaient sur la table**.*

- par un complément de nom :

  *C'est **la** fenêtre **de ma chambre**.*

- par la situation de communication :

  *Il y aura quelques travaux à faire : **les** murs et **le** plafond doivent être repeints et il faudra changer **la** moquette.*

■ Il est utilisé pour exprimer la **mesure** :

*Les œufs coûtent 1,50 € **la** douzaine.*
*J'ai trouvé du tissu à 5 € **le** mètre.*
Il est interdit de rouler à plus de 90 km à l'heure.
*Dans ce supermarché on trouve de l'essence à 1 € **le** litre.*

■ Il est utilisé à la place de l'adjectif possessif devant les noms indiquant les **parties du corps** :

*Elle a mal à **la** tête depuis hier* [= sa tête lui fait mal].
*Il a **les** yeux bleus et **les** cheveux blonds* [= ses yeux sont bleus, ses cheveux sont blonds].
*J'ai toujours **les** mains froides* [= mes mains sont toujours froides].

• Cet emploi est courant avec les verbes pronominaux :
*se laver **les** cheveux ; se brosser **les** dents ; se casser **le** bras ; se frotter **les** mains ; se couper **le** doigt ;* etc.

• Il est présent dans beaucoup d'expressions familières :
*mettre **les** pieds dans le plat ; se serrer **la** ceinture ; se casser **la** tête ; se mettre **le** doigt dans l'œil ; faire **la** sourde oreille ;* etc.
*Il pensait que je lui ferais cadeau de la veste qu'il m'avait empruntée : il s'est mis **le** doigt dans l'œil* [= il a fait une erreur de jugement, il s'est trompé].

■ Les articles définis masculin singulier et masculin pluriel ont chacun une **forme contractée « du », « des »** qui ne doit pas être confondue avec un autre article :

*À l'entrée **du** [de + le] stade, il y avait des agents de la sécurité.*
*Elle achète des produits frais qui viennent en général **des** [de + les] fermes du voisinage.*

1   Complétez avec « le », « l' », « la » ou « les ».

J'ai visité _____ région que tu m'avais conseillé de voir, ainsi que _____ châteaux dont tu m'avais parlé.

Mais je n'ai pas su trouver _____ petit restaurant où tu avais mangé _____ meilleures spécialités du Sud-Ouest. J'ai tout de même trouvé à _____ Table du Roi d'excellents plats régionaux.

2   Vous visitez une maison et vous constatez qu'il y a quelques travaux à faire. Composez un texte avec les éléments donnés.

toit en mauvais état – portes et fenêtres à refaire – changer installation électrique – chauffage à mettre dans toutes les pièces – repeindre murs – heureusement planchers en bon état – pas besoin de changer moquette sauf dans chambre d'amis.

J'ai acheté une vieille maison à la campagne. **Le** toit est en mauvais état, _____

_____

_____

3   Reliez les éléments de la colonne de gauche à ceux de la colonne de droite et faites des phrases.

1. œufs	**A.** 120 km/heure
2. velours	**B.** 1,80 €/barquette
3. Il roule	**C.** 20 €/cartouche
4. fraises	**D.** 8 €/mètre
5. cigarettes	**E.** 1,80 €/douzaine

1. Ce matin, **les** œufs coûtaient 1,80 € **la** douzaine au marché. _____

4   Découvrez ce portrait en complétant avec « le », « l' », « la » ou « les », puis faites le portrait de quelqu'un en utilisant l'article défini.

Ce bébé a _____ cheveux de son père, _____ yeux de sa mère, j'espère qu'il n'aura pas _____ langue de vipère de sa grand-mère, vous savez bien qu'elle a _____ dent dure.

5   Complétez avec « le », « la », « les » pour découvrir certaines expressions familières.

_____ politique me casse _____ pieds. D'après _____ Premier ministre, il faut se serrer _____ ceinture sans se casser _____ tête et lui faire confiance. _____ Président s'est cassé _____ dents sur _____ chômage. Mais s'ils croient que l'on va accepter ça sans rien dire, ils se mettent _____ doigt dans l'œil. Ils font _____ sourde oreille à nos revendications et nous allons mettre _____ pieds dans _____ plat.

6   Soulignez les articles contractés.

Comme c'était le premier jour des vacances, il y avait des embouteillages à la sortie des grandes villes. Le pire était à l'entrée du péage où les gens s'impatientaient et se lançaient des insultes.

Ils ont cassé **une** assiette et **des** verres.

Elle porte **un** très joli manteau.

Dans la pièce, il y avait **un** piano à queue et **un** siège en velours rouge.

L'ARTICLE INDÉFINI (« un », « une », « des »)

Il est utilisé devant des noms qui désignent une personne ou une chose parmi d'autres personnes ou d'autres choses :

*Elle vient de passer **un** examen.*

*Hier nous avons rencontré **un** metteur en scène.*

Il est aussi utilisé quand le nom est caractérisé :

- par un adjectif : *on a cueilli **des** pommes **délicieuses**.*
- par un complément de nom : *j'ai reçu **des** nouvelles **de mon amie**.*
- par une proposition relative : *on a visité **un** château **qui se trouve près du village**.*

Il est utilisé après la construction « **il y a** », « **c'est** », « **ce sont** », « **il existe** » et introduit alors une idée nouvelle dans la situation de communication :

*On frappa à la porte. C'était **un** homme, **un** pauvre homme mal habillé.*

« Un », « une » peuvent être utilisés pour exprimer une **valeur générale** :

***Un** enfant a besoin d'affection.* [= L'enfant a besoin d'affection.]

• « Des » ne peut pas être utilisé dans ce cas parce qu'il ne permet pas de généraliser : ***Des** enfants ont besoin d'affection* veut dire que certains enfants ont besoin d'affection, d'autres n'en ont pas besoin.

• Il faut remarquer la différence entre :
***Une** voiture doit être entretenue.* [valeur générale]
et
*Ils ont acheté **une** voiture.* [une parmi d'autres]

« Un », « une » peuvent indiquer la limitation qualitative :

- d'une notion abstraite :
  *Ce soldat a montré **un** courage admirable.*

- d'une chose unique dans son espèce :
  ***Un** grand soleil rouge se levait à l'horizon.*

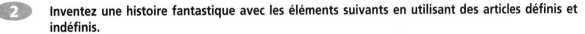

1 Complétez avec des articles définis ou indéfinis.

Il vient de réussir à _____ concours difficile. Il y avait _____ centaines de concurrents, tous avec _____ quantité impressionnante de diplômes. _____ candidats étaient tous bien préparés. _____ sujets avaient été choisis par _____ jury spécialisé. C'est _____ sélection qui est dure mais elle a _____ mérite d'être juste.

2 Inventez une histoire fantastique avec les éléments suivants en utilisant des articles définis et indéfinis.

filet – poisson étrange – écailles argentées – mer d'azur – pêcheurs – nageoires – espèce de nez – corps – tête de…

Dans le filet, il y avait _____

_____

_____

_____

3 Complétez avec l'article indéfini et justifiez son emploi comme dans l'exemple.

Exemple : Un malade = caractère général

_____ malade a droit aux soins, mais il y a _____ malades qui abusent des médicaments, il y a _____ malades qui vont voir plusieurs médecins le même jour, il y a _____ malades qui sont toujours en cure. Bref _____ malade imaginaire creuse le déficit de la Sécurité sociale et empêche _____ vrai malade d'être bien soigné.

4 Complétez ce dialogue avec les articles définis ou indéfinis qui conviennent.

– Ils ont _____ enfants ?

– Oui, ils ont _____ fils très gentil.

– Qu'est-ce qu'il fait ?

– Il peint, c'est _____ peintre plein d'avenir. Il peint _____ êtres étranges, un peu comme Picasso. Ils ont aussi _____ fille. C'était _____ serveuse du Grand Café mais comme elle avait cassé _____ verres et _____ assiettes, elle a été renvoyée.

– Et qu'est-ce qu'elle fait maintenant ? Elle a retrouvé _____ emploi ?

– Non. Elle fait _____ stage et elle espère trouver _____ petit boulot.

5 Complétez selon le modèle en utilisant un adjectif de votre choix.

On l'admirait pour son courage ; *elle avait toujours fait preuve d'un courage exemplaire.*

1. Elle était très tolérante, _____

2. Son frère était audacieux, mais lui _____

3. Toute la famille avait les yeux bleus mais elle _____

> Buvez **de l'**eau, **du** jus de fruits : c'est bon pour la santé!
> Il a toujours eu **de la** chance.
> Olivier fait **de la** guitare et Anne, **du** piano.

L'ARTICLE PARTITIF («du», «de l'», «de la»)

- Il est utilisé devant un nom concret ou abstrait non comptable pour désigner **une certaine quantité** d'une matière ou **une partie** d'une notion :

  *Achète **du** lait, **de l'**huile et **de la** confiture.*
  *Pour ce métier, il faut **du** talent, **de la** patience et **de la** chance.*

   À la forme négative, «du», «de l'», «de la» devient «**de**».
  *Il ne prend jamais **de** sucre dans son café.*

- Il est souvent utilisé avec le verbe «**faire**» pour désigner une activité.

  *Faire **du** sport, **de l'**équitation, **de la** marche.*
  *Faire **de la** peinture; faire **du** piano; faire **de la** guitare.*

   L'article défini peut également être utilisé pour désigner une activité :
  *faire **le** ménage; faire **la** vaisselle; faire **les** courses.*

- Il est utilisé avec «**il y a**» pour parler de la météo :

  *Aujourd'hui, il y a **du** soleil.*
  *Cette année il y a **de la** pluie presque tous les jours.*
  *Il y aura **de la** neige sur les Alpes et **du** verglas sur le Jura.*

- Il est utilisé pour désigner la chair d'un animal; il s'agit alors d'une matière :

  *Nous mangions **du** bœuf; nous mangeons aujourd'hui principalement **de l'**agneau, **du** poulet et surtout **du** poisson.*

- Il est utilisé avec des noms propres pour désigner une partie indéterminée de l'œuvre de la personne dont on parle :

  *Elle a joué **du** Chopin et **du** Mozart.*

   Cet emploi fait partie de la langue parlée.

1　Complétez avec les articles définis, indéfinis ou partitifs qui conviennent.

– Tu fais _____ régime ?

– Ne m'en parle pas. Je n'ai pas _____ droit de manger _____ sucreries : _____ confiture, _____ chocolat, _____ gâteaux et surtout pas _____ sucre dans le café. Je n'ai pas le droit de manger _____ féculents. Fini _____ pâtes à l'italienne, _____ gros haricots blancs, _____ pommes de terre en robe des champs avec _____ beurre et _____ bon pain frais. _____ huile dans _____ salade ? Pas question, pas _____ matières grasses non plus. Je n'ai pas _____ droit de boire _____ vin, mais _____ lait ou _____ jus de fruits, _____ eau à volonté. Pouah !

– Et _____ viande, tu peux en manger ?

– Tu n'y penses pas. _____ bœuf, _____ mouton, _____ veau, _____ porc, il y a longtemps que je ne sais plus ce que c'est.

– Mais alors qu'est-ce que tu manges ?

– Eh bien, en dehors de tout ça, je peux manger ce que je veux.

2　Complétez avec les articles qui conviennent.

– Tu veux faire _____ sport. Bien, mais quel sport ?

– _____ rugby et _____ voile.

– Faire _____ planche à voile à la montagne, ce n'est pas évident. Tu ferais mieux de faire _____ ski.

– Pourquoi pas ? J'aime bien _____ sports de glisse.

– Bien, mais avant de faire _____ sport, il faut _____ entraînement.

– L'un n'empêche pas l'autre, non ?

3　Même exercice.

J'en ai marre. Entre _____ courses, _____ ménage, _____ lavage, _____ repassage, _____ vaisselle, _____ repas, je ne m'en sors pas. Et dire qu'il y a _____ gens qui prétendent que _____ travail de _____ maison est _____ plus tranquille et _____ moins fatigant !

4　Même exercice.

1. À côté de chez moi il y a une boucherie qui vend _____ bœuf excellent.

Connaissez-vous la fable de La Fontaine, « La Grenouille qui voulait se faire aussi grosse que _____ bœuf » ?

2. À la cantine, on sert souvent _____ poulet.

Dans cette ferme, _____ poulets sont élevés en plein air.

3. Dans ce restaurant, il y a toujours _____ poisson très frais.

Quand il fait très chaud, _____ poissons ne s'approchent pas du rivage.

> – Je suis végétarien : je **ne** mange **pas de** viande.
> – Et du poisson, tu en manges ?
> – Je **ne** mange **ni** poisson, **ni** viande.
> – Et tu bois ton café **sans sucre** ?
> – Mais ça n'a **aucun goût**, le café **sans sucre** !

L'ABSENCE D'ARTICLE

■ **L'article indéfini** et **l'article partitif** sont en général remplacés par « **de** » après la négation :

*– Tu as **des** cigarettes ? – Non, je n'ai pas **de** cigarettes.*

*Elle fait **du** piano depuis deux ans, mais moi, je ne fais plus **de** piano depuis cinq ans.*

*Il a encore **de la** patience, mais moi, je n'ai plus **de** patience.*

*Elle prend **du** café mais je ne prends pas **de** café ni **de** thé.*

 Après « **ni... ni** », il n'y a pas d'articles :
– Il y a de la salade et du persil dans le jardin ?
– Non hélas, il n'y a ni salade ni persil.

■ Après les négations « **sans** » et « **ne ... aucun / aucune** », il n'y a pas d'article :

*C'est un travail **sans** intérêt.*
*Je **n'**ai **aucune** chance de réussir.*

■ Après « **ce n'est pas** », « **ce ne sont pas** », l'article est toujours utilisé :

*Ce n'est pas **un** ami, c'est un collègue de bureau.*
*Ce ne sont pas **des** fraises, ce sont des framboises.*

■ **L'article défini** est conservé dans la phrase négative :

*J'aime la ville mais ma sœur n'aime pas **la** ville.*
*Elle n'aime ni **la** ville ni **la** campagne, elle préfère le bord de mer.*

■ **L'article** n'est pas utilisé :

• dans les affiches, les annonces :
Défense de fumer – Coiffeur pour dames – Nettoyage à sec.

• ni dans les énumérations :
Parents, enfants, tous riaient devant ce spectacle drôle.

1 **Complétez ce texte par des articles.**

– Docteur, ça ne va pas.

– Dans votre cas, _____ choses sont simples : plus _____ cigarettes, plus _____ apéritifs, plus _____ bons repas bien arrosés, ni _____ café et encore moins _____ pousse-café, mais par contre _____ sport et _____ marche. Pas _____ efforts violents et courts mais _____ efforts progressifs, tous _____ jours. Vous verrez, ça ira mieux très vite.

2 **Complétez ce texte par des articles si nécessaire.**

– Tu as _____ beau jardin. Moi je ne cultive ni _____ plantes, ni _____ légumes. Je sais faire _____ différence entre _____ persil et _____ salade mais c'est tout.

– Ici, tu as _____ salade, mais là, c'est _____ romaine, et là, _____ frisée.

– Tu as _____ fruits ?

– Là bas, j'ai _____ vigne mais je ne fais plus _____ fraises ni _____ framboises depuis l'an dernier. Je n'ai pas _____ arbres fruitiers : ni _____ pommiers, ni _____ poiriers, ni _____ pêchers. Rien. Ici, ils n'ont aucune _____ chance de pousser. En planter serait sans _____ intérêt.

3 **Complétez ce texte par des articles.**

Mesdames et messieurs, ce n'est pas _____ enfant que vous avez devant vous. C'est _____ être capable de calculer plus vite qu' _____ ordinateur. C'est _____ être capable d'extraire _____ racine carrée plus vite que _____ machine. Ce n'est pas _____ enfant, c'est _____ génie. C'est _____ génie _____ calcul mental !

4 **Même exercice.**

– Tu viens avec nous ? On va passer _____ week-end à _____ campagne.

– Pardonne-moi, mais je n'aime pas _____ campagne : je n'aime ni _____ odeur de _____ herbe mouillée, ni celle _____ vaches. Je n'aime ni _____ chant _____ coq, ni _____ chant _____ petits oiseaux, ni _____ coin-coin permanents _____ canards. J'aime _____ bruit _____ vagues sur _____ sable. J'aime _____ horizons infinis et _____ nuages, _____ merveilleux nuages. Quand vous irez à _____ mer, faites-moi signe.

5 **Rédigez une affiche ou une annonce pour :**

1. interdire que les gens garent leur voiture : _____

2. annoncer que des objets seront vendus aux enchères : _____

3. annoncer sur une route qu'il faut rouler moins vite : _____

> J'ai **beaucoup de** travail et **peu de temps** pour sortir.
> Je voudrais **2 kilos de** pommes et **5 tranches de** jambon.
> Les prés étaient **couverts de** rosée.
> Elle **manque** vraiment **d'**imagination.

■ « Du », « de l' », « de la », « des » sont remplacés par « **de** » après des mots qui expriment la quantité :

*Elle a **beaucoup de** patience. – Il a **peu d'**amis. – On a **trop de** travail.*
*Il y avait à peu près **une centaine de** personnes.*

/!\ Avec « **la plupart** », « **la majorité** », « **la minorité** », « **la moitié** », on utilise l'article :
La plupart du *temps ils jouent dans le jardin.*
La majorité de la *population était contre le projet.*
La moitié de l'année, il pleut.

■ L'article n'est pas utilisé dans certaines constructions avec la préposition « **de** » :

• certains **verbes + de + nom** : *orner de, remplir de, couvrir de, être plein de, entourer de, accompagner de…* :

*Les champs étaient **couverts de rosée**.*

/!\ Quand le nom est caractérisé par un adjectif, un complément de nom ou une proposition relative, il faut utiliser l'article indéfini :
*La table était **couverte d'une nappe blanche**.*

• certains verbes, adjectifs, participes présents ou passés exprimant une émotion : *hurler de douleur ; pleurer de joie ; mourir de faim ; être rouge de honte ; être paralysé de peur ; être rayonnant de bonheur ; être mort de fatigue ;* etc.

*La population **mourait de faim et de soif**.*
*Elle **a pleuré de joie** en l'apercevant.*

• des verbes ou des noms exprimant un besoin ou un manque : *manquer de ; se passer de ; être privé de ;* etc. ; *le manque de ; le besoin de ; l'absence de ;* etc.

*J'ai **besoin de** conseils. Vous **manquez d'**imagination.*

 L'article n'est pas utilisé devant le nom dans certaines constructions **verbe + nom** :
avoir faim ; avoir chaud ; avoir peur ; avoir sommeil ; etc.
faire peur ; faire signe ; faire allusion ; faire mal ; etc.
rendre compte, rendre justice, rendre service ; etc.

*Il nous a **rendu service** plus d'une fois.*
*Elle nous a **fait signe** d'avancer plus vite.*
*Il s'est **rendu compte** de son erreur et s'est excusé.*

1   Complétez ce texte avec des articles si nécessaire.

Il n'y avait qu' _____ petite centaine _____ personnes à _____ manifestation de soutien _____ sans-logis

et surtout, pas assez _____ responsables politiques, pas assez _____ responsables syndicaux. Ce soir-là,

_____ sans-logis avaient bien peu _____ amis. Par contre, en face, il y avait plus _____ une centaine

_____ policiers. C'était bien triste !

2   Même exercice.

– Vous qui avez connu M. Dubois, la victime, pouvez-vous me dire ce qu'il faisait habituellement ?

– _____ plupart _____ temps, il était dans _____ jardin qui est derrière _____ maison.

– Comme _____ moitié _____ année il pleut, que faisait-il alors ?

– _____ autre moitié _____ année, il la passait à lire derrière _____ fenêtre _____ salon. Il levait _____

tête de temps en temps et regardait passer _____ bateaux. _____ majorité _____ bateliers le

connaissait. _____ plupart _____ temps, ils échangeaient _____ signe d'amitié.

3   Complétez ce texte avec des articles et la préposition « de ».

_____ propriété était entourée _____ champs remplis _____ fleurs au printemps. _____ entrée était

ornée _____ grille en fer forgé. Comme _____ maison était entourée _____ arbres, on ne la voyait pas de

_____ entrée. Ce lieu était plein _____ charme, accompagné _____ certaine tristesse.

4   Donnez l'expression qui correspond à chacune des phrases suivantes.

1. Ses joues étaient rouges tellement il avait honte. *Il était* _____

2. Il était tellement fatigué qu'il ne tenait plus debout. *Il* _____

3. Quel bonheur ! Le bonheur de sa vie. *Elle* _____

4. Il était si heureux qu'il en pleurait. *Il* _____

5. Il avait tellement peur qu'il ne pouvait faire un geste. *Il* _____

6. La douleur était tellement aiguë qu'il cria très fort. *Il* _____

5   Complétez pour exprimer le manque.

1. Elle a toujours besoin de quelque chose : avant-hier, elle avait besoin _____, hier elle

avait besoin _____, et ce matin elle _____.

2. Il lui manque toujours quelque chose pour réussir : une fois, elle manque _____, une

autre fois _____, hier elle a manqué _____

6   Utilisez les expressions suivantes dans des phrases de votre choix.

avoir sommeil – prendre soin – faire allusion – rendre service – faire peur.

L'article n'est pas utilisé après la préposition « de » dans la construction **nom + de + nom** :

- Le deuxième nom détermine le premier :

    *un billet de **train** ; un bouquet de **fleurs** ; un cours d'**anglais** ; une table de **cuisine**.*

« Train », « fleurs », « anglais », « cuisine » constituent des catégories.

On pourrait avoir : *un billet d'avion ; un bouquet de roses ; un cours de maths ; une table de salon.*

 Il faut remarquer la différence entre :
*Ce matin en me levant j'ai trouvé la lampe **du** salon cassée en mille morceaux.*
et :
*Dans le magasin en face de la maison, ils vendent des lampes **de** salon.*

- Le deuxième nom indique une matière ou un produit ; il est en général au pluriel :

    *un collier de **perles** ; un bois de **sapins** ; une couronne de **fleurs**.*

 Quand le deuxième nom, en général utilisé au singulier, indique une matière compacte, on utilise la préposition « **en** » :
*une bague **en or** ; une casserole **en acier** ; une armoire **en chêne** ; une chemise **en coton**.*

 L'article n'est pas utilisé devant un nom abstrait introduit par la préposition « **avec** » :

    *Je le ferai avec **plaisir**.*
    *Il a agi avec **prudence**.*

 Il faut utiliser l'article si le nom est déterminé :
*Il se déplace avec **l'**agilité d'un singe.*
*Je le ferai avec **un** plaisir immense.*

 L'article disparaît dans certains proverbes ou expressions populaires :

    Pierre qui roule n'amasse pas mousse.
    Abondance de biens ne nuit pas.
    Araignée du matin, chagrin, araignée du soir, espoir.
    Blanc bonnet et bonnet blanc.
    Remuer ciel et terre.
    À bon chat, bon rat.
    Tel qui rit vendredi, dimanche pleurera.
    Ventre affamé n'a pas d'oreille.
    Prendre racine.
    Perdre pied.
    Courir à perdre haleine.
    Rire à gorge déployée.
    Chanter à tue-tête.

1   **Faites les associations qui conviennent.**

1. lampe	**A.** football	_____
2. coucher	**B.** poche	_____
3. buffet	**C.** bureau	_____
4. argent **de**	**D.** soleil	_____
5. club	**E.** cuisine	_____

2   **Utilisez les associations que vous avez faites dans l'exercice 1 dans une phrase de votre choix.**

1. Une lampe de bureau. → *Je cherche un magasin qui vend des lampes de bureau.*

3   **Complétez avec l'article qui convient.**

Les enfants étaient allés dans _____ bois _____ chênes pour couper _____ branches et se faire _____ couronnes _____ feuilles à la manière _____ empereurs romains. _____ filles s'étaient fait _____ colliers _____ fruits rouges qui ressemblaient à _____ perles. Coiffés _____ chapeaux _____ carton, habillés _____ vieilles robes _____ soie ou _____ vieux pantalons _____ velours, ils se faisaient leur carnaval.

4   **Complétez avec un article quand cela est nécessaire.**

– Comment a-t-il fait ça ? – Il a fait ça systématiquement, avec _____ violence, avec _____ rage, avec _____ haine, avec _____ plaisir non dissimulé, avec _____ air de vengeance.

5   **Répondez comme vous le souhaitez selon le modèle.**

1. – Comment a-t-il agi ? → *Il a agi avec prudence, avec une prudence excessive.*

2. – Comment a-t-il parlé ? _____

3. – Comment s'est-il défendu ? _____

4. – Comment a-t-elle joué ? _____

5. – Comment l'a-t-elle pris ? _____

6. – Comment l'a-t-elle soigné ? _____

6   **À quels contextes correspondent ces expressions populaires ?**

1. Plier bagage   **A.** Quitter quelqu'un sans le prévenir.

2. Fausser compagnie   **B.** Partir en emportant toutes ses affaires.

3. Blanc comme neige   **C.** Se révéler innocent après avoir été soupçonné.

> Le chien est un animal domestique. Un chien est un animal domestique.
> Passe-moi le livre qui est là! Passe-moi un livre, n'importe lequel!
> Du pain était posé sur la table. Le pain apporté par le boulanger était posé sur la table.

VALEUR SÉMANTIQUE DES TROIS TYPES D'ARTICLES

■ **L'article défini** (« le », « la ») et **l'article indéfini** (« un », « une ») peuvent avoir la même valeur de **généralité** :

Le chien est un animal domestique. Un chien est un animal domestique.

« **Le** » et « **un** » désignent la totalité des chiens.

■ **L'article défini** et **l'article indéfini** peuvent être utilisés dans une situation semblable :

• « **Le** », « **la** », « **les** » quand le nom est déterminé par ce qui suit :

*Passe-moi le livre **qui est devant toi**!*

• « **Un** », « **une** », « **des** » signalent des objets ou des personnes parmi d'autres objets ou d'autres personnes de la même sorte :

*Passe-moi **un** livre, n'importe lequel!*

■ **L'article défini** et **l'article partitif** peuvent être utilisés avec des noms indiquant une **matière** ou une **notion** :

• « **Le** », « **la** », « **les** » désignent la matière ou la notion dans sa **généralité** :

*Les Français aiment **le** fromage. – **Les** fruits sont bons pour la santé.*
La patience est une qualité précieuse.

• « **Du** », « **de la** », « **de l'** » indiquent que la matière ou la notion est **limitée en quantité** :

*Il prend **de la** moutarde avec tous les plats.*
*Nous buvons **du** jus d'orange tous les matins.*
*Je lui ai conseillé d'avoir **de la** patience.*

■ **L'article défini**, **l'article indéfini** et **l'article partitif** peuvent être utilisés dans une situation semblable :

• « **Le** », « **la** », « **les** » désignent une chose unique :

*Aujourd'hui **le** vent s'est levé vers 5 heures.*

• « **Un** », « **une** », « **des** » sont utilisés quand le nom est caractérisé par un adjectif, un complément ou une proposition relative :

*Aujourd'hui, il y a **un** vent terrible.*

• « **Du** », « **de la** », « **de l'** » sont utilisés devant un nom non comptable pour désigner une certaine quantité indéterminée :

*Il y a **du** vent aujourd'hui.*

1   Trouvez parmi ces phrases celles qui ont la même valeur.

☐ **1.** Un chat est un animal domestique.   Le chat est un animal domestique.

☐ **2.** Un chat miaule.   Le chat miaule.

☐ **3.** Un chat boit du lait.   Le chat boit du lait.

☐ **4.** Voilà un chien de chasse.   Voilà le chien de chasse.

☐ **5.** Un chien de chasse n'a pas peur du fusil.   Le chien de chasse n'a pas peur du fusil.

☐ **6.** Achète-moi un bijou pas cher.   Achète-moi le bijou pas cher.

☐ **7.** Passe-moi un livre qui est devant toi.   Passe-moi le livre qui est devant toi.

2   Récrivez ces phrases de manière à utiliser l'article défini.

Donne-moi un cendrier. → *Donne-moi le cendrier qui est devant toi.*

1. Ouvre-moi une boîte de petits pois. _____

2. Achète-moi un médicament. _____

3. Rapporte-moi un souvenir. _____

4. Dis-moi un mot gentil. _____

5. Apporte-moi un plat. _____

6. Passe-moi une assiette. _____

3   Transformez ces phrases de manière à utiliser l'article partitif.

Je vous recommande la patience. → *Je vous recommande d'avoir de la patience.*

1. Je vous conseille le sang-froid. _____

2. La fermeté n'est pas de trop. _____

3. La force est nécessaire. _____

4. Il faut avoir l'audace de le faire. _____

5. La prudence sera une bonne chose. _____

6. La persévérance sera utile. _____

4   Transformez ces phrases en utilisant selon votre choix l'article défini ou indéfini.

Aujourd'hui il y a du vent. → *Aujourd'hui il y a un vent violent. – Le vent est fou.*

1. Demain il y aura du verglas. _____

2. Au menu, il y a du bifteck. _____

3. Hier il y avait du brouillard. _____

4. Je voudrais du beurre. _____

5. Je prendrai du vin. _____

6. Donnez-moi du pain. _____

2

L'ADJECTIF

> **Dix** moins **deux** égale **huit.** Elle a eu la note maximum : **vingt.**
> Elle a eu un **vingt** en maths. Le sélectionneur a retenu **trente** noms.
> Le **14** juillet, c'est la fête nationale française.

LES ADJECTIFS NUMÉRAUX

■ Certains adjectifs numéraux servent à compter, à **exprimer la quantité.**

• Ils peuvent s'employer comme nom, avec ou sans article :
– sans article en arithmétique :

> **Trois** et **deux** font **cinq** ; **quatre** fois **deux huit.**

– précédé de l'article indéfini :

> *J'ai eu un **cinq** en maths et un **zéro** en dictée.*

• Ils peuvent s'employer comme adjectif placé devant le nom :

> **Deux** *étudiants sont absents.* – *Ces **trois** chambres sont libres.*
> *Nous sommes **dix** dans le groupe.*

Ils sont parfois précédés de l'article défini pour marquer que l'on parle d'êtres ou d'objets déjà nommés : *Alors, silencieusement les **trois** hommes sautent dans la voiture.*

• Ils peuvent s'employer pour marquer le rang, dans certains cas :
– les **dates** : *le **30** septembre ; le **24** juin ;* mais *le **1er** mai **(premier)** ;*
– les **décennies** : *les années **soixante** ;*
– les **rois** du même nom : *Louis XIV **(quatorze)** ; Henri IV **(quatre)** ; Catherine II **(deux)** ;* mais *François Ier **(premier)** ;*
– les **parties d'un même ouvrage** : *tome **un** ; chapitre **deux** ; paragraphe **cinq** ; acte **trois**, scène **deux**.*

■ Certains adjectifs numéraux servent à **classer.**

• Ils peuvent se placer devant le nom :

> *Je viens ici pour la **première** fois.* – *Aimez-vous la **Cinquième** République ?*

• Certains mots pour leur sens se rapprochent de ces adjectifs numéraux :
– les noms de **fraction** : *un demi ; la moitié ; le tiers ; le (un) cinquième ;* etc.

> *un demi-cercle ; la moitié d'une pomme.*

– les mots qui par leur sens **multiplient** : *le double ; le triple ; le quadruple ; le quintuple ; le sextuple ;* etc.

⚠ Après 7, on utilise : *huit fois plus ; neuf fois plus ;* etc. Sauf pour 100 où on utilise le *centuple.*

• Certains mots marquent une **quantité globale** ou un **nombre approximatif** :

> *Une **douzaine** d'œufs.* – *Dans une **huitaine** de jours.* – *Un **millier** de grévistes.*

1 Écrivez en lettres les opérations suivantes et leurs résultats.

98 – 82 = _____

60 + 18 = _____

125 x 2 = _____

135 : 10 = _____

2 Vous avez invité trois de vos ami(e)s au théâtre et vous allez chercher les places. Complétez le dialogue suivant.

– Je voudrais _____ pour la représentation de demain.

– Matinée ou soirée ?

– Soirée.

– Je n'ai plus que _____ au parterre et _____ au premier balcon.

3 Complétez ce texte en employant convenablement les adjectifs numéraux qui s'imposent.

_____ hommes masqués descendent d'une voiture, enlèvent du coffre _____ grands sacs d'où ils sortent des armes. Alors _____ hommes s'approchent doucement de la maison ; _____ se mettent de chaque côté de la porte, _____ passent par derrière. C'est alors que les projecteurs de la police s'allument sur _____ hommes de devant.

4 Le calendrier des fêtes françaises. Écrivez ces dates en lettres selon le modèle.
25 décembre → *Le vingt-cinq décembre est le jour de la fête de Noël.*

1. 14 juillet. _____

2. 15 août. _____

3. 1er novembre. _____

5 A. Donnez le nom des fractions suivantes et complétez si nécessaire.

1. 1/2 _____ – **2.** 1/3 _____ – **3.** 1/4 _____ – **4.** 1/8 _____

5. 1/3 du gâteau _____ – **6.** 1/2 d'une orange _____ .

B. Comment appelle-t-on ce qui est :

1. x 2 _____ – **2.** x 3 _____ – **3.** x 4 _____ – **4.** x 5 _____

5. x 100 _____ – **6.** x 10 _____ – **7.** x 25 _____ .

6 Vous n'êtes pas sûr des chiffres avancés et vous préférez rester approximatif. Récrivez ce texte.

Dans quinze jours nous recevrons cent étudiants. Pour les cours et travaux pratiques, nous aurions besoin de douze livres par étudiant, c'est-à-dire mille deux cents ouvrages. Pourriez-vous les faire parvenir dans les huit jours ? Merci par avance.

> J'ai vu ce film **plusieurs** fois ; c'est un bon film mais il a quand même **quelques** défauts. Philippe ne l'a pas aimé et il a trouvé un prétexte **quelconque** pour sortir de la salle avant la fin.

L'ADJECTIF INDÉFINI

Les **adjectifs indéfinis** ont en général un caractère **imprécis** mais peuvent être classés en **plusieurs catégories.**

- Ils peuvent exprimer une **imprécision totale** : *certain, quelconque, quel* :

  *L'ambiance était froide ; il a fallu trouver un sujet **quelconque** pour animer la conversation !* [= n'importe quel sujet]

  *J'ai trouvé le spectacle **quelconque**.* [sans caractère précis = mauvais]

  *Pour faire faire un passeport, ils demandent je ne sais **quel** papier !* [= je ne sais pas quel papier précis ils demandent]

  *Ils se rencontrèrent un **certain** jour, en hiver.* [= un jour parmi d'autres]

- Ils peuvent exprimer une **quantité en général pas très importante** (sauf plusieurs) : *quelques, certains, plusieurs* :

  *Il a écrit **quelques** articles pour le journal de l'université.*

  *Elles ont fait **plusieurs** voyages en Europe.*

  ***Certains** fruits sont mûrs ; il faut les cueillir.*

- Ils peuvent exprimer une **quantité nulle** : *aucun(e) ; nul(s), nulle(s)* :

  *Je n'ai lu **aucun** journal depuis une semaine.*

  *Il est **nul** en sciences physiques.* [= zéro]

- Ils peuvent exprimer la **totalité** : *chaque ; tout, tous, toute(s)* :

  *Nous nous voyons **chaque** jour au lycée.* [= tous les jours]

  *On a visité **tout** le pays.* [= entièrement]

- Ils peuvent exprimer l'**identité** ou la **différence** : *même(s) ; tels(s), telle(s) ; autres(s) ; différents(s), différente(s)* :

  *Nous sommes nés le **même** jour.*

  *Il a affirmé que la crise allait continuer : une **telle** affirmation nous a étonnés.* [= une affirmation comme celle-là]

1   **Dans ce dialogue remplacez les éléments soulignés par les adjectifs indéfinis qui conviennent.**

– Comment avez-vous trouvé le film de Lelouch ?

– Assez mauvais. _____

– Et les acteurs ?

– La plupart n'ont pas la moindre _____ notion du métier d'acteur, ce qui fait que l'ensemble du _____ groupe est médiocre.

– Vous êtes dur.

– Non, car s'il n'y avait que deux ou trois _____ défauts, je serais moins sévère mais il y a tout de même des imperfections, même si elles ne sont pas nombreuses.

2   **Récrivez ce texte en utilisant le maximum d'adjectifs indéfinis exprimant une quantité pas très importante ou nulle.**

Il avait fait des voyages en Extrême-Orient à la suite desquels il avait écrit des articles dans un grand journal du soir. Il y avait des articles qui avaient eu du succès mais les autres étaient sans intérêt. Mais cela ne lui laissait pas la plus petite chance de devenir un jour un grand reporter.

3   **Dites à peu près le contraire en utilisant des adjectifs indéfinis.**

1. Il a parlé d'un problème précis d'économie. – **2.** J'ai trouvé sa femme formidable. – **3.** Il me manque un seul papier pour obtenir ma carte de séjour. – **4.** Il a fait de nombreuses missions en Afrique. – **5.** Toutes les vignes seront arrachées. – **6.** Beaucoup d'arbres fruitiers doivent être traités. – **7.** Il a fait des progrès énormes. – **8.** Il est très bon en français. – **9.** Il a très envie d'aller en France l'année prochaine.

4   **Récrivez ce texte en utilisant l'adjectif « tout » quand c'est possible.**

Le soir on sort du lycée et le matin il faut être à l'arrêt du car avant 7 heures sauf bien sûr le mercredi. Chaque semaine se ressemble, chaque mois est identique. Chacun est triste et fatigué. La classe rêve de vacances qui n'en finiraient pas.

_____
_____
_____

5   **Complétez ce texte en utilisant des adjectifs indéfinis qui expriment l'identité ou la différence.**

J'ai aimé la première moitié de sa conférence de presse. Mais _____ partie était vide. Elle contenait les _____ idées, les _____ propositions, dont il avait déjà parlé deux mois avant. Il a bien sûr abordé des thèmes _____ mais c'était vague. Devant un _____ problème, il faut envisager une _____ solution.

> Ce livre **magnifique** raconte l'**incroyable** histoire d'un **jeune** homme **irlandais** qui...

LA PLACE DE L'ADJECTIF

■ Certains adjectifs se placent toujours **après le nom** qu'ils qualifient ; ce sont les plus nombreux :

- les adjectifs de **nationalité**, de **formes géométriques** et de **couleurs** : *un film américain – une table ronde – une veste noire* ;
- les adjectifs de **relation** : *des produits chimiques – une usine textile* ;
- les adjectifs qui ont **plus de deux syllabes** : *un air mélancolique* ;
- les adjectifs **suivis d'un complément** : *un immeuble haut de six étages* ;
- les **participes passés** employés comme adjectifs : *une porte ouverte – les yeux fermés – une maison démolie – les rideaux tirés.*

■ Certains adjectifs se placent en général **avant le nom** ; ils sont peu nombreux mais souvent utilisés : *grand – petit – gros – vieux – jeune – bon – mauvais – beau – joli – long – large – autre – même – nouveau – dernier – prochain.*

> *une **jeune** femme – un **gros** arbre – un **grand** chapeau*

 Lorsqu'il y a deux adjectifs de cette catégorie, l'un se met devant le nom, l'autre derrière : *une **jolie** robe **longue**, une **belle** jupe **plissée**, une **nouvelle** veste **cintrée**.*
« Robe longue », « jupe plissée », « veste cintrée » forment des unités lexicales parce qu'ils appartiennent à une catégorie de vêtements.

■ Certains adjectifs peuvent se placer **avant** ou **après le nom** :

- les adjectifs qui servent à apprécier ont un caractère plus subjectif quand ils sont placés avant le nom :

> *C'est une histoire **incroyable**. – C'est une **incroyable** histoire.*
> *Il a eu des notes **excellentes**. – Il a eu d'**excellentes** notes.*

 Quand l'adjectif est placé devant un nom pluriel, « des » devient « de » ou « d' » :
*À Orsay, il y a **des** tableaux magnifiques. À Orsay, il y a **de** magnifiques tableaux.*
*Nous avons pensé à **d'**autres solutions ; **de** telles solutions peuvent être envisagées rapidement.*

- Le changement de place de ces adjectifs modifie leur sens :

> *un livre **cher** [qui coûte cher] / mon **cher** ami [que j'aime].*
> *Tu as les mains **sales**. / Il fait un **sale** temps [mauvais].*
> *C'est un métal **dur**. / C'est un **dur** métier [difficile].*
> *C'est un homme **grand**. / C'est un **grand** homme [important].*
> *C'est mon **dernier** franc. / le mois **dernier** [passé].*
> *Ce sera mon **prochain** achat. / l'an **prochain** [suivant].*

1 Qualifiez chacun des éléments soulignés. Mettez cet adjectif à la place qui convient.

Ce film est l'histoire d'une femme dont le mari l'oblige à lui donner les plans de la banque dans laquelle elle travaille. Cette femme, employée sans histoire, permettra à son mari de faire un hold-up sans laisser de traces mais en emportant une somme d'argent.

2 Ajoutez un adjectif de votre choix.

1. Une jeune femme _____

2. Un grand chapeau _____

3. Une jolie jupe _____

4. Un grand arbre _____

5. Une grosse affaire _____

6. Quelle histoire _____!

3 Faites pour chacune des phrases une paraphrase explicative comme dans l'exemple.
Tu as les mains sales. → *Tes mains ne sont pas propres.*

1. Il fait un sale temps. _____

2. C'est un pauvre homme. _____

3. C'est un homme pauvre. _____

4. C'est un grand homme. _____

5. C'est un homme grand. _____

6. C'est une voiture ancienne. _____

7. C'est son ancienne voiture. _____

8. C'est un curieux garçon. _____

9. C'est un garçon curieux. _____

4 Trouvez des adjectifs et placez-les comme il convient pour terminer cette description.

Un vieux couple

Mme Gordet était une de ces _____ femmes _____, _____ et _____ qui portent de _____ robes _____ avec un tablier _____ par-dessus. Elle ressemblait à une fleur _____ de l'arrière-saison avec des pétales _____ et un parfum _____. Son mari avait l'allure _____ et _____ d'un militaire. C'était un homme _____ de taille et _____ d'épaules. Il portait des vêtements _____, _____ et _____. Il avait toujours un air _____. Ils avaient deux filles. La fille _____ avait un air _____ et _____. Elle marchait d'un pas _____ et _____. Leur fille _____ au contraire était d'humeur _____. Elle portait le très _____ prénom de Mathilde.

3 LES NÉGATIONS PARTICULIÈRES

> Je **ne** l'ai trouvé **nulle part**.
> Nous **n'**avons reçu **ni** lettre, **ni** appel téléphonique.
> Elle **ne** rêve **que** de voyages.
> Nous **ne** pouvons vous donner une réponse dans l'immédiat.

■ « NE ... PLUS », « NE ... NULLE PART », « NE ... PAS ENCORE », « NE ... AUCUN », « NE ... GUÈRE », « SANS » sont des négations particulières.

– *Vous l'avez vu **quelque part** ? – Non, je **ne** l'ai vu **nulle part**.*
– *Tu passes **toujours** tes vacances en Bretagne ? – Non, je **n'**y vais **plus**.*
– *Est-ce qu'il y a **encore** des gens dans la salle ? – Non, il **n'**y en a **plus**.*
– *Vous avez **déjà** vu l'exposition Picasso ? – Non, je **ne** l'ai **pas encore** vue.*
– *Ils ont des preuves ? – Non, ils **n'**en ont **aucune**.*
– *Vous prenez du sucre ? – Non, je bois mon café **sans** sucre.*
– *Il a dit ça en riant ? – Non, il l'a dit **sans** rire.*
– *Vous voyez souvent les Morin ? – Non, on **ne** les voit **guère**.*

● « **Pas encore** » est la négation de « **déjà** » et exprime que le sujet a l'intention de faire l'action. « **Déjà** » peut avoir pour négation « **jamais** » :

– *Vous avez **déjà** subi une opération ? – Non, **jamais**.*

● « **Aucun** » exprime la négation absolue.

– *Tu as reçu des appels téléphoniques ? – Non, **aucun**.* [pas un seul]

● « **Sans** » peut être suivi de l'infinitif ou d'un nom sans article en général :

*Elle a répondu **sans hésitation**.*

 « **Sans** » peut être suivi d'un nom précédé de l'article indéfini ; dans ce cas la négation est renforcée : *Elle a répondu sans une hésitation* [= sans aucune hésitation].

● « **Ne ... guère** » signifie « **pas beaucoup** » et « **pas souvent** ».

■ « PAS DU TOUT », « PLUS DU TOUT », « PAS UN SEUL », « PLUS UN SEUL », « SANS AUCUN » sont des renforcements de la négation.

– *Vous connaissez la poésie de Mallarmé ?*
– *Non, je **ne** la connais **pas du tout**, je **n'**ai **pas** lu **un seul** poème de lui.*
– *Est-ce qu'il reste des fruits ? – Il **n'**en reste **plus du tout, plus un seul**.*
– *Il a pris son passeport ? – Non, il est parti **sans aucun** papier d'identité.*

1 **Terminez les phrases avec la négation qui convient (variez les négations).**

1. Quand nous habitions à la campagne, nous avions un chat; aujourd'hui, nous habitons en ville et _____

_____

2. Autrefois j'allais souvent au théâtre, maintenant _____

3. Tous mes amis sont déjà allés voir le dernier film avec Depardieu; moi _____

4. Elle a lu beaucoup de livres de Balzac; moi, au contraire, _____

5. Petite, elle quittait toujours sa famille en pleurant; maintenant elle part seule en vacances _____

6. J'ai cherché la clef dans toute la maison, mais _____

2 **Renforcez la négation comme dans l'exemple.**
Il n'y a pas de pain. → *Il n'y en a pas du tout.*

1. Il ne reste plus de places. _____

2. Je n'ai pas vu de film de ce réalisateur. _____

3. Il est parti sans bagages. _____

4. Il ne reste plus de baguettes. _____

3 **Complétez le dialogue qui suit avec des négations différentes.**

Au commissariat de police

– Avez-vous revu le suspect après l'accident ?

– Non, _____

– Êtes-vous parti depuis le meurtre ?

– Non, _____

– Aviez-vous l'habitude de rencontrer la femme du suspect ?

– Non, _____

– Avez-vous déjà fait une déposition à la police ?

– Non, _____

– Avez-vous quelques détails à ajouter ?

– Non, _____

4 **Complétez ce texte avec les éléments donnés en utilisant des négations différentes.**
parler du chômage – dire un mot de mon divorce – évoquer nos soucis quotidiens – se plaindre des voisins

Sortons ce soir tous les deux à condition de ne pas du tout _____

_____

_____

■ Plusieurs mots négatifs peuvent être utilisés dans la même phrase ; dans ce cas « pas » n'est pas employé.

> *Je **n'**ai **jamais** vu **personne** dans cette boutique.*
> *Sans mes lunettes, je **ne** vois **plus rien**.*
> *Elle travaille beaucoup **sans jamais** se plaindre.*
> *Il est parti **sans rien** dire.*
> *Elle a traversé la salle **sans** saluer **personne**.*

■ La négation « NE … NI … NI » est la négation de deux ou plusieurs éléments.

> *Je **ne** prendrai **ni** fromage **ni** dessert (**ni** café).*
> *– Vous avez vu Martine et Céline ? – **Ni** l'une, **ni** l'autre.*
> ***Ni** lui, **ni** sa sœur **n'**avaient envie de faire ce voyage.*

 On peut dire : *je **ne** prendrai **pas** de fromage, **ni** de dessert.*

■ « NE » peut être employé seul et ne pas être une négation.

Son emploi n'est pas obligatoire. On le trouve :
• après certains verbes qui expriment la **crainte**, à la forme affirmative :
> *Je crains qu'il **ne** tombe malade.*
• après des verbes qui expriment le **doute** et la **négation**, à la forme négative :
> *Je ne doute pas que vous **n'**ayez raison. – On ne peut nier qu'il **ne** soit intelligent.*
• après « plus », « moins », « pire », « autre », « meilleur » pour exprimer une **comparaison d'inégalité** :
> *Elle est plus aimable qu'elle **ne** paraît.*
• après certaines conjonctions : *à moins que, avant que…*
> *Il est sorti avant qu'elle **ne** puisse répondre.*

 Cet emploi de « ne » dit « explétif » se trouve dans la langue écrite, dans un niveau de langue soutenu.

■ « NE » peut être employé sans « PAS » ni un autre élément négatif :

• avec les verbes **pouvoir, savoir, oser, cesser** :
> *Il **n'**a cessé de pleuvoir toute la journée.*
> *Elle **n'**osa répondre ; elle **ne** sut que faire.*
> *Nous **ne** pourrons accueillir les élèves, l'établissement sera fermé.*
• avec « **il y a … que** », « **depuis … que** » ; dans ce cas, le verbe qui suit est à un temps composé :
> *Il y a plusieurs mois que nous **ne** l'avons vu.*
> *Il y avait longtemps que nous **n'**y étions allés.*

 Cet emploi de « ne » se trouve en langue écrite, dans un niveau de langue soutenu.

1 Faites des phrases négatives avec les éléments suivants comme dans l'exemple.

ne – jamais – rien → *Elle ne m'a jamais rien dit à ce sujet.*

1. ne – jamais – personne _____

2. ne – plus – personne _____

3. ne – plus – rien _____

4. sans – rien _____

5. sans – jamais _____

6. sans – personne _____

2 Transformez les phrases négatives suivantes en introduisant « ne ... ni ... ni ».

1. La télévision et le cinéma ne l'intéressent pas.

_____

2. Dans le jardin, il n'y a pas de pommes, pas de poires, pas de raisins.

_____

3. Nous n'avons reçu aucune lettre, aucun fax, aucun appel téléphonique.

_____

4. Il n'était pas présent à la réception, le directeur, non plus.

_____

5. Ce n'est pas autorisé, ce n'est pas toléré non plus.

_____

3 Dites dans les exemples suivants si « ne » est explétif ou s'il est négatif.

1. La grève risque de continuer à moins que le gouvernement ne fasse des concessions. (_____)

2. Ils n'ont cessé pendant la réunion de répéter les mêmes arguments. (_____)

3. Nous ne pouvons pour le moment donner une réponse favorable à votre demande. (_____)

4. Ils étaient tellement étonnés qu'ils ne savaient que répondre. (_____)

5. Ils avaient quitté l'auberge avant que le jour ne se lève. (_____)

6. Nous ne doutons pas que vous ne puissiez nous aider. (_____)

7. Ils pleuraient de joie : il y avait si longtemps qu'ils ne s'étaient vus. (_____)

4 Passez d'un niveau de langue soutenu à un niveau de langue plus parlé.

1. Il a peur qu'il ne fasse des bêtises. _____

2. Dépêchez-vous avant qu'il ne soit trop tard. _____

3. Il y a des mois que nous ne sommes sortis. _____

1 Complétez avec l'article défini ou indéfini selon le modèle.

– Madame, pourriez-vous me conseiller ? Grand-mère voudrait **une** écharpe.

– **Les** personnes âgées aiment bien **les** écharpes légères et chaudes.

Achats de cadeaux dans un magasin à Noël.

1. – Grand-père a besoin _____ gants.

– _____ grands-pères aiment _____.

2. – Maman n'a pas assez _____ pulls.

– _____ mamans préfèrent _____.

3. – Papa a envie _____ bon disque de jazz.

– _____ papas apprécient _____.

4. – Ma sœur rêve de _____ sac.

– _____ jeunes filles aiment _____.

5. – Mon jeune frère voudrait _____ jeux pour sa console.

– _____ jeunes garçons _____.

2 Utilisez cette liste rédigée rapidement pour demander à un de vos enfants d'aller faire des courses ; employez les articles et adjectifs numéraux qui conviennent.

poisson – fromage : 1 camembert – fruits : raisins, pommes – légumes : haricots verts, chou-fleur, salade – huile : 1 litre – lait : 3 litres – eau minérale : 4 bouteilles – café : 2 paquets – sucre : 1 kilo – beurre : 1/2 livre.

Allô Cyril ? Tu peux aller au supermarché faire des courses ? Tu achèteras du poisson, _____

_____

_____

_____

3 Partitif, défini, indéfini : complétez avec l'article qui convient.

1. – Vous voulez _____ fromage ?

– Non merci, je n'aime pas _____ fromage.

– Quel dommage, rien de meilleur que _____ bon fromage de chèvre avec _____ bon pain de campagne !

2. – Vous faites _____ sport ?

– Non, je déteste _____ sport.

– C'est dommage, pour être en forme rien de mieux que _____ bonne partie _____ tennis entre amis ou que _____ bon jogging.

3. – Vous ne prenez pas _____ gâteaux ?

– Non, quel dommage, quoi de meilleur que _____ bonne tarte _____ pommes ou que _____ charlotte à _____ framboise à _____ fin de _____ bon repas.

4. – Vous ne mangez jamais _____ viande ?

– Non, je suis végétarien. _____ viande me fait mal à _____ estomac.

– Oh, vous savez, _____ bon gigot de _____ agneau avec _____ pommes _____ terre boulangères n'ont jamais fait _____ mal à personne.

4 À partir des éléments ci-dessous, écrivez l'état de la Bourse de Paris et des marchés de province.

Bourse de Paris et Province :
- Thomson perd 3 % en matinée / 3ᵉ jour de baisse.
- AGF termine en hausse de 1 % / 1ʳᵉ fois en un mois.
- Club Méditerranée perd 2 %.
- Sud-Ouest : bœufs et vaches perdent 1/3 de leur valeur.

L'action Thomson perd 3 % en matinée. C'est le troisième jour de baisse. _____
_____
_____

5 Complétez avec l'adjectif indéfini qui convient en choisissant dans la liste proposée.

chaque – tout – même – autre – quelconque – quelques – aucun – tel – différent

1. Le spectacle d'aujourd'hui étant complet, il y aura une _____ représentation samedi prochain.

2. Son travail de mise en scène est inégal. Sa première mise en scène était remarquable, la dernière était _____

3. Il y avait très peu de monde à son vernissage. _____ amis et _____ parents.

4. Nous n'avons plus jamais entendu parler de lui : _____ nouvelle, _____ lettre, _____ message. Pas de nouvelles, bonnes nouvelles !

5. Attention ! Pendant les jours fériés, _____ les magasins, _____ les banques, _____ les musées sont fermés.

6. Voici les consignes avant le départ : _____ enfant aura un seul sac ; _____ sac devra porter une étiquette au nom de l'enfant ; _____ voyageur aura son passeport en règle.

7. Il y avait des milliers de manifestants ; on n'avait pas vu une _____ manifestation depuis longtemps.

8. Elle raconte toujours les _____ bêtises, c'est agaçant !

9. Elles sont jumelles mais elles ont des caractères _____.

6 Composez des publicités en utilisant les adjectifs proposés à la place qui convient.

1. *noir – magnifique – haut – long*

Offrez-lui ces _____ sandales à talons _____ avec de _____ lanières en velours _____.

2. *simple – imbattable – chaleureux – raffiné – beau – séduisant*

Venez dans notre magasin. Vous y trouverez de _____ cadeaux _____ ou _____ dans une ambiance _____ et _____ ; et tout cela à des prix _____.

3. *ravissant – argenté – sophistiqué – bleu nuit*

C'est un homme _____. Il aimera donc cette chemise _____ en satin _____ avec des boutons de manchettes _____.

4. *anglais – naturel – grand*

Elle sera sensible à ces _____ bottes _____ en cuir _____.

5. *arrondi – envoûtant – absolu – luxueux*

Offre-lui cet _____ parfum présenté dans un flacon _____ aux formes _____ : un plaisir _____.

7 Mettez les phrases suivantes à la forme négative.

1. Nous avons déjà les résultats.

_____

2. Le film est déjà passé deux fois sur la 3e chaîne.

_____

3. Ma grand-mère fait encore son pain.

_____

4. J'ai vu cette affiche quelque part.

_____

5. Ils vont encore à la campagne le samedi.

_____

6. Il t'a dit ça en plaisantant ou non ?

_____

7. Dans notre région il neige souvent.

_____

8. Ils ont rencontré quelques problèmes.

_____

8 **Renforcez la négation selon le modèle.**

Elle a répondu sans hésiter, sans aucune hésitation, pas une seule hésitation.

1. Ils sont partis sans s'excuser, _____, _____.

2. Elle est sortie sur la pointe des pieds sans faire de bruit, _____, _____.

3. Ils se sont quittés sans s'expliquer, _____, _____.

4. Il a très bien réussi dans la vie sans avoir de diplômes, _____, _____.

9 **Ajoutez « pas » partout où c'est possible.**

Il quitta l'auberge avant que le jour ne se lève. Il n'osa prendre une douche de peur que les autres voyageurs ne se réveillent. Il y avait longtemps qu'il ne s'était réveillé si tôt. À travers les fenêtres du couloir il crut voir le soleil se lever. Quand il fut dehors il s'aperçut qu'il faisait moins beau qu'il ne lui avait paru. Il craignit même qu'il n'y ait un épais brouillard de l'autre côté de la vallée. Il comprit qu'il ne pourrait franchir la frontière avant la nuit.

10 **Dites le contraire.**

1. J'ai toujours vu quelqu'un dans cette boutique. _____

2. Avec ces lunettes je vois absolument tout. _____

3. Elle est sortie en disant n'importe quoi. _____

4. Il est entré en saluant tout le monde. _____

5. J'ai rencontré Marie et Arnaud. _____

6. Lui et moi sommes sensibles à la peinture moderne. _____

7. Il fume vraiment beaucoup. _____

8. Elle y allait soit le matin soit le soir. _____

9. Nous les voyons toujours de temps en temps. _____

LES TEMPS de L'INDICATIF

aujourd'hui

Avoir des années DERRIÈRE soi ← ON PEUT → avoir des années DEVANT soi

maintenant

LE PRÉSENT

■ Il situe l'action au moment où le locuteur parle. L'action est en train de se faire :

– *Qu'est-ce qu'il **fait** ? – Il **rit.***

● **« Être en train de »** + **infinitif** insiste sur le déroulement de l'action ; la durée est plus ou moins longue :

*Ne me dérangez pas, **je suis en train de travailler.***

 « Être en train de » ne peut pas être utilisé avec un verbe exprimant un sentiment, un comportement, ni avec des verbes comme *vivre, habiter*...
*Je n'**aime** pas la vie citadine, je **préfère** la campagne.*
*Elle **apprécie** le jazz moderne.*
*Il a l'impression que le temps **passe** très vite.*

■ Emplois du présent

● Il peut aussi indiquer l'**habitude**, la **répétition** ; il est alors employé en général avec une marque temporelle :

*Ils vont **souvent** au cinéma.*
*Je me lève **vers 8 heures.***

● Il peut encore indiquer une ***action future certaine*** ; il est alors employé avec une marque temporelle exprimant un futur proche ou lointain :

*Nous décollons **dans une heure.***
*On s'installe en Suède **l'année prochaine.***

● Il peut enfin **remplacer un temps du passé** pour rendre la scène plus vivante ; il a alors une valeur stylistique :

*« J'habitais à cette époque à Nantes, où je faisais mes études. Un matin, le facteur **arrive, apporte** une lettre ; elle **vient** des États-Unis. J'avais obtenu une bourse pour aller étudier à Boston pendant deux ans ! »*

E X E R C I C E S

 Récrivez les phrases en utilisant la forme « être en train de » quand c'est possible.

1. Qu'est-ce que tu fais ? Je vérifie le sens d'un mot dans le dictionnaire.

_____

2. Elle n'aime pas beaucoup la viande, elle préfère le poisson.

_____

3. Nous vivons à l'étranger depuis deux ans.

_____

4. Elle prépare sa valise ; le train part à 18 heures.

_____

 Complétez le texte en choisissant le verbe qui convient.
rentrer – allumer – sortir – aller – se lever – déjeuner – quitter – prendre – se diriger – s'habiller – écouter

Un homme qui a ses habitudes

Tous les matins il _____ à 6 h 30. Il _____ aussitôt la radio qu'il _____ en faisant sa toilette. Ensuite il _____ et _____. À 7 heures, il _____ son appartement et, qu'il vente ou qu'il pleuve, il _____ acheter son journal, toujours le même. Puis d'un pas rapide et toujours sur le trottoir de gauche, il _____ vers le métro. À 19 heures le soir, il _____ le métro et toujours par le trottoir de gauche, il _____ chez lui.

 Utilisez le présent à la place du futur pour rendre le texte plus vivant.

Le train partira dans quelques minutes. À midi, nous aurons un arrêt de quinze minutes à Bordeaux. Nous passerons la frontière avant la nuit. Nous arriverons avant minuit._____

_____

4 **Utilisez le présent à la place des passés quand c'est possible pour donner à ce texte un caractère plus vivant.**

À cette époque-là, je chassais en Afrique. Un jour où nous étions partis avec une seule voiture, la voiture est tombée en panne, impossible de réparer. Le village le plus proche était à une dizaine de kilomètres. Le plus sportif d'entre nous a dit qu'il était volontaire pour y aller. À la nuit il est revenu, seul, épuisé. Il n'y avait pas de mécanicien dans ce village.

_____

_____

_____

_____

_____

LES PASSÉS : l'imparfait, le passé composé, le passé simple

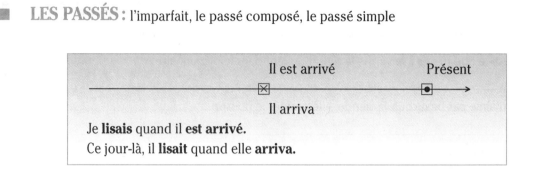

■ Ils situent l'action avant le moment où le locuteur parle :

> *Ce soir-là, nous **dînions** sur la terrasse ; soudain un orage **a éclaté**.*
> *Ce matin-là, il **écoutait** de la musique ; soudain un orage **éclata**.*

■ L'**imparfait** indique que l'action est montrée en train de se faire dans le passé ; l'action est **en cours,** elle n'est pas finie dans le passé ; on dit qu'elle est **vue comme non-accomplie dans le passé** :

> *Hier, je **lisais** quand il est arrivé.*
> *Nous **dînions** sur la terrasse ; soudain un orage a éclaté.*

■ Le **passé composé** et le **passé simple** indiquent que l'action s'est produite et s'est terminée dans le passé ; elle est vue comme **accomplie** :

> *Nous **dînions** sur la terrasse, un orage **a éclaté**.*
> *Nous **dînions** sur la terrasse, un orage **éclata**.*

• Le **passé composé** est utilisé à l'oral ou à l'écrit dans les journaux et même dans la littérature moderne :

> *Le chef d'État **s'est éteint** à l'âge de 92 ans…*
> *À dix-huit ans, j'**ai quitté** ma famille, mes amis…*

⚠ Le passé composé peut avoir une autre valeur (voir p. 44).

• Le **passé simple** est utilisé surtout à l'écrit dans des textes narratifs : des récits, des contes, des biographies, des textes historiques :

> *Une épidémie terrible **s'abattit** sur toute la région.*
> *Christophe Colomb **partit** pour les Amériques sans le savoir.*
> *François Mitterrand **fut réélu** en 1988.*
> *Jules César **battit** les Gaulois à Alésia. Il **fit** prisonnier leur chef Vercingétorix qu'il **emmena** en captivité à Rome.*

1 Mettez les verbes entre parenthèses à l'imparfait.

Malheurs du temps : la grande peste

À cette époque une maladie pestilentielle *(s'abattre)* _____ sur toute l'Italie. Rome, ville la plus populeuse et qui *(accueillir)* _____ des gens du monde entier, *(être)* _____ la plus atteinte. Le fléau *(faire mourir)* _____ des quantités d'animaux et d'êtres humains. Les habitants de Rome *(fuir)* _____ vers des sites plus salubres que *(couvrir)* _____ de très épaisses forêts de lauriers. On *(raconter)* _____ qu'on *(pouvoir résister)* _____ à la contagion de l'air grâce aux odeurs que *(donner)* _____ les lauriers. Néanmoins, la maladie prit une dimension considérable...

2 Mettez les verbes au passé composé, puis imaginez une suite à cette histoire.

On *(se disputer)* _____, il *(partir)* _____ ; je *(éclater)* _____ en sanglots puis je *(retrouver)* _____ mon calme. Je *(prendre)* _____ un verre d'eau, je *(avaler)* _____ un cachet et je *(se jeter)* _____ sur mon lit. Le téléphone *(sonner)* _____ ; je *(ne pas répondre)* _____. Je *(dormir)* _____ pendant des heures et je *(se réveiller)* _____ avec la lune sur le plafond de ma chambre. Je *(penser)* _____ à lui. À ce moment-là, on *(frapper)* _____

_____

_____

3 Récrivez ce passage des *Misérables* en utilisant le passé composé à la place du passé simple.

– Ah ! C'est encore toi ! répondit Jean Valjean, et se dressant brusquement tout debout, le pied toujours sur la pièce d'argent, il ajouta : Veux-tu bien te sauver !

L'enfant effaré le regarda, puis commença à trembler de la tête aux pieds et, après quelques secondes de stupeur, se mit à s'enfuir en courant de toutes ses forces sans oser tourner le cou ni jeter un cri.

Cependant à une certaine distance, l'essoufflement le força de s'arrêter, et Jean Valjean, à travers sa rêverie, l'entendit qui sanglotait.

Victor Hugo, *Les Misérables* (chapitre XIII)

_____

_____

_____

_____

_____

_____

L'IMPARFAIT

◻ Il peut indiquer l'existence d'un fait à un moment du passé :

*Il y a 2 000 ans la France s'**appelait** la Gaule.*
*Au début du siècle, les femmes ne **votaient** pas.*

◻ Il peut indiquer un fait habituel dans le passé :

*Il **sortait** toujours après le déjeuner, s'**asseyait** sur le même banc sous le chêne, **lisait**, puis **dormait** pendant une bonne demi-heure.*

◻ Il est employé dans les descriptions :

*Il **faisait** beau. C'**était** un dimanche.*
*Les gens **se promenaient** dans les rues ou **bavardaient** à la terrasse des cafés.*
*J'**étais** heureuse…*

◻ Il est employé dans le discours indirect à la place du présent quand le premier verbe est au passé : c'est alors un présent dans le passé ;

*Il m'a fait savoir qu'il **voulait** partir.*
*Elle répondit qu'elle en **avait** assez de cette situation.*
*On disait qu'il **allait** se marier.*

◻ Il peut être employé dans un contexte hypothétique pour suggérer, proposer :

– Qu'est-ce qu'on peut lui offrir pour son anniversaire ?
*– Si on lui **offrait** un sac de voyage ?*

• après « comme si » pour exprimer une hypothèse :

*Le ciel est gris comme s'il **allait** pleuvoir.* [= Le ciel est gris ; on dirait qu'il va pleuvoir.]

• pour décrire un fait qui a failli se produire :

*Encore un peu et tu **tombais*** [= tu n'es pas tombé mais tu as failli tomber.]
*Heureusement que je suis arrivé. Une minute de plus et la salle de bains **était** inondée* [la salle de bains n'est pas inondée mais elle a failli l'être ; nous avons frisé la catastrophe].

1 **Répondez en utilisant l'imparfait comme dans l'exemple.**

Il y a 2 000 ans, la France s'appelle déjà la France ? → *Non, il y a 2 000 ans, la France s'appelait la Gaule.*

1. Au début du siècle, les antibiotiques existent déjà ? *Non,* _____

2. Il y a 2 000 ans, les Pyramides ne sont pas encore construites ? *Si,* _____

3. Avant la guerre, la télévision n'existe pas ? *Si,* _____

2 **Racontez comment se passait dans votre enfance une de vos fêtes préférées ; décrivez cette fête.**

Tous les ans _____

_____

_____

3 **Récrivez ce texte en le commençant ainsi :** *Il lui a dit qu'il voulait partir...*

Je lui ai dit : « Je veux partir. J'étouffe ici. Je veux voir et connaître autre chose. J'en ai assez de cette médiocrité. Je ne supporte plus cette monotonie. J'ai envie d'autres horizons. »

4 **Avec vos frères et sœurs, vous discutez du cadeau à faire pour la fête des mères.**

– Si on lui offrait un sac de voyage ? – Non, elle en a déjà plusieurs. Offrons-lui plutôt un bijou.

– Oui. Si on _____ ? – Non, _____ . Cherchons plutôt _____

– Oui, si _____ ? – D'accord.

5 **Complétez les phrases suivantes, comme dans l'exemple.**

Le ciel est gris comme s'il allait neiger.

1. Il est pâle comme s'il _____

2. Elle est rouge comme si elle _____

3. Il est habillé comme s'il _____

4. Il y a beaucoup de monde dans les rues comme si _____

6 **Exprimez la même idée avec l'imparfait.**

1. Nous ne sommes pas encore partis mais nous avons failli le faire. Un peu plus _____

_____

2. Ils ont failli avoir un accident. Un geste maladroit _____

_____

3. Elle a failli le gifler. Encore un peu _____

LE PASSÉ COMPOSÉ

Caractéristiques

Le passé composé indique une action plus ou moins courte, précisée ou pouvant être précisée dans le temps passé :

> Ils **sont arrivés** à 8 heures. – Nous **avons dansé** toute la nuit.
>
> J'**ai travaillé** pendant deux heures. – Elle **est née** en juin.

Emplois

- Il est employé à l'oral ou à l'écrit pour raconter des événements passés ; dans ce cas il est utilisé avec des imparfaits qui servent à décrire :

> Hier je me **suis promenée** dans le quartier. Je flânais quand j'**ai rencontré** une vieille camarade de lycée…

 Il remplace dans ce cas le passé simple :
*En 1958, le général de Gaulle **a été** élu président.*
*En 1958, le général de Gaulle **fut** élu président.*

- Il est employé pour exprimer qu'une action vient de se terminer mais qu'elle **a un effet** (physique ou psychologique) **sur le présent** :

> J'**ai travaillé** toute la journée, je suis fatigué.
>
> Il **a** trop **mangé** ; il a mal à l'estomac.
>
> Ça va mieux, j'**ai retrouvé** mon calme.

 Quand il indique un fort rapport de continuité avec le présent, il ne peut pas être remplacé par le passé simple :
*Ça va mieux, j'**ai retrouvé** mon calme.*
Ça va mieux, je retrouvai mon calme.

- Il est employé après « **si** » pour exprimer la **condition** ou l'**hypothèse** :

> Si tu **as mangé** trop de chocolat, tu seras malade.
>
> Si nous n'**avons** pas **fini** ce soir, nous ne pourrons pas aller au théâtre.
>
> Si vous ne les **avez** pas **prévenus**, dépêchez-vous de le faire.

1   **Mettez au passé composé les verbes proposés.**

1. Hier il _____ toute la journée. *(neiger)*

2. Il _____ toute la nuit pour finir son mémoire. *(veiller)*

3. L'avion _____ à 21 heures. Il n'avait pas de retard. *(atterrir)*

4. C'est moi qui _____ les documents et c'est elle qui _____ la synthèse.
(rassembler – rédiger)

5. Il _____ au moment de la déclaration de la guerre. *(naître)*

2   **Mettez les verbes au passé composé ou à l'imparfait comme il convient, puis trouvez une suite à cette histoire.**

Je le _____ quand je _____ étudiante *(rencontrer – être)*. La première fois qu'il

me _____ , je _____ *(parler – rougir)*. Ce _____ pendant un cours

de littérature *(être)*. Il me _____ si je _____ lui prêter mon livre *(demander –*

pouvoir). Il me _____ et me _____ avec insistance *(sourire – regarder)*. Je

_____ émue ; je ne _____ plus parler *(être – pouvoir)*.

_____

_____

3   **Continuez les phrases pour exprimer le résultat dans le présent.**

→ J'ai trop dormi *et je ne suis pas en forme.*

1. Il a toujours été bizarre _____

2. Je n'ai rien compris _____

3. On a eu les résultats _____

4. Nous avons roulé toute la nuit _____

4   **Dites si ces passés composés peuvent être remplacés par des passés simples.**

Racine est né en 1639 et il est mort en 1699. → *Possible*

1. J'ai lavé mon pull à l'eau chaude et je ne peux plus le mettre. _____

2. Il a neigé toute la nuit, maintenant la route est glissante. _____

3. Paris a été libéré en 1944. _____

4. Je suis en retard, j'ai attendu l'autobus pendant vingt minutes. _____

5. Elle est partie ; elle doit être déjà arrivée chez elle. _____

5   **Reliez les éléments suivants pour exprimer la condition ou l'hypothèse.**

1. train déjà parti – prendre le car _____

2. ne pas fermer le compteur – risque de court-circuit _____

3. perdre sa carte bancaire – téléphoner vite à la banque _____

LE PASSÉ SIMPLE

Formation et caractéristiques

• Il est formé selon **trois types** (voir tableau des conjugaisons page 186).

type PARLER	type DIRE	type CROIRE
[e] et [a]	[i]	[y]
je parl-ai	je d-is	je cr-us
tu parl-as	tu d-is	tu cr-us
il	il	il
elle } parl-a	elle } d-it	elle } cr-ut
on	on	on
nous parl-âmes	nous d-îmes	nous cr-ûmes
vous parl-âtes	vous d-îtes	vous cr-ûtes
ils	ils	ils
elles } parl-èrent	elles } d-irent	elles } cr-urent

ÊTRE		AVOIR	
je fus	nous fûmes	j'eus [y]	nous eûmes
tu fus	vous fûtes	tu eus [y]	vous eûtes
il	ils	il	ils
elle } fut	elles } furent	elle } eut [y]	elles } eurent
on		on	

• Il indique une **action ponctuelle** dans le passé, précisée ou pouvant être précisée.

> *Il **mourut** le 17 janvier 1902.*
> *Elle **s'en alla** très tôt ce jour-là.*

 Une action exprimée par le passé simple est pensée comme n'ayant aucun rapport avec le présent.

Emplois

• Il existe surtout à **l'écrit**. Il est utilisé dans les textes littéraires, historiques, les biographies et certains journaux.

> *Elle **éteignit** la lampe, **tira** l'épais rideau de velours bleu et **monta** dans sa chambre où elle **lut** pendant une partie de la nuit.*
> *Il **fut élu** en 1947 et **démissionna** deux ans plus tard.*
> *Il **naquit** à Bordeaux en 1625 et **fut éduqué** au lycée de Bordeaux.*

• Dans un récit au passé, il est utilisé avec l'imparfait. L'imparfait sert à décrire et le passé simple est le temps des actions :

> *D'un air enjoué il **se présenta** à tous les invités qui **étaient** dans le salon.*

1 Récrivez cette biographie de Molière en utilisant le passé simple quand c'est possible et en mettant les autres verbes à l'imparfait.

Molière naît en 1622. C'est le fils d'un riche commerçant parisien. De 1636 à 1642, il fait de bonnes études au collège de Clermont à Paris, puis il apprend le droit à Orléans.

Il est tout d'abord attiré par la philosophie mais c'est surtout un passionné de théâtre. En 1643, il décide de pratiquer cet art ; cette expérience ne dure pas. Molière est mis en prison pour dettes.

Mais il ne se décourage pas. Il commence à écrire des pièces.

En 1658, il s'installe à Paris. Dans ses pièces, il critique les nobles et les bourgeois. Cela lui vaut beaucoup d'ennemis.

En 1664, il combat l'hypocrisie religieuse dans *Tartuffe*. La pièce est aussitôt interdite.

Des problèmes de famille et de santé rendent la fin de sa vie difficile. *L'Avare, Les Femmes savantes, Le Malade imaginaire* sont ses derniers succès. Il meurt le 17 février 1673 pendant la quatrième représentation de cette dernière pièce.

2 Mettez les verbes entre parenthèses au passé simple.

Le Radeau de *La Méduse*

Le 2 juillet 1816, une frégate royale, *La Méduse*, (s'échouer) _____ au large du Sénégal. Le gouvernement (interdire) _____ le récit des quinze survivants recueillis par un navire après treize jours de dérive. Ceux-ci (mettre) _____ en cause l'attitude des officiers qui avaient abandonné 149 marins et soldats sur un radeau après avoir embarqué sur des chaloupes.

Géricault (s'emparer) _____ de cette affaire pour en faire un tableau auquel il (donner) _____ une signification politique : il (vouloir) _____ symboliser dans sa toile « le drame d'une génération sans guide ».

3 Vous avez traversé l'Atlantique à la voile, en solitaire. Vous écrivez votre journal de bord en utilisant le passé simple.

La première journée _____

Le lendemain _____

Pendant la semaine qui suivit _____

Le dixième jour _____

Trois jours durant _____

Toutes ces nuits-là _____

Un matin, au lever du jour _____

LE FUTUR

Caractéristiques et emplois

• Il situe l'action après le moment où le locuteur parle. Ce moment, plus ou moins proche, est souvent indiqué par une marque temporelle :

> **Bientôt** nous **serons** en vacances.
> **L'année prochaine** je **ferai** mes études à Londres.

• Le futur est une projection dans l'avenir :

> Quand je **serai** grand, je **serai** pilote d'avion.

• Le futur peut exprimer :

– l'ordre, les directives :

> Vous **ferez** pour demain l'exercice 40 de la page 102.
> Tu **iras** chercher le pain quand tu rentreras.
> Nous nous **retrouverons** à 15 heures devant le bureau d'Air France.

– la promesse :

> Je te le promets, papa, je ne **recommencerai** plus.

– les prévisions :

> Il **pleuvra** sur la majeure partie du pays.

Le futur proche («aller» au présent + infinitif)

Il situe l'action après le moment où le locuteur parle en indiquant une **continuité** avec le présent :

> Attention, tu **vas tomber**! – Attends-moi, je **vais sortir** en même temps que toi.

 Le futur indique une coupure avec le moment où le locuteur parle. Le futur proche indique que l'action ne s'est pas produite mais qu'elle est sur le point de se produire :
> Je t'en **reparlerai** plus tard.
> Je **vais** te **parler** franchement, écoute-moi!

«Être sur le point de» situe l'action juste après le moment où le locuteur parle :

> Je ne dors pas encore mais je **suis sur le point de m'endormir**.

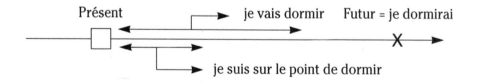

1   **Vous fêtez votre anniversaire samedi prochain. Dites comment vous organiserez la soirée.**

Il y aura beaucoup de monde. _____

_____

_____

_____

2   **Utilisez les informations suivantes dans une courte lettre que vous écrivez à l'ami(e) qui voyagera avec vous.**

départ Charles-de-Gaulle	le 18.6	à 12 h 30
arrivée Athènes	le 18.6	à 15 heures
taxi vers le Pirée	le 18.6	à 19 heures
embarquement sur *L'Athénée*	le 18.6	à 21 heures
débarquement à Alexandrie	le 19.6	à 11 heures

Si tout se passe bien, nous partirons de _____

_____

_____

3   **Utilisez les prévisions météorologiques suivantes pour rédiger le bulletin pour le journal télévisé du soir.**

- le matin : Pluies sur la Bretagne. Reste du pays ensoleillé sauf dans l'Est : nuages.
- dans l'après-midi : Éclaircies sur la Bretagne. Ciel couvert sur les montagnes. Température en baisse dans l'Est.
- le soir : Léger refroidissement sur l'ensemble du pays. Risque de brouillard sur la Bourgogne.

4   **Vous êtes reporter à la radio ; continuez comme dans l'exemple.**

Les coureurs sont sur le point de partir. Attention, ils vont partir ! Ça y est, ils partent. Ils sont partis.

Les taureaux _____

Les chevaux _____

Les joueurs _____

Les athlètes _____

Les coureurs _____

L'ANTÉRIORITÉ indique qu'une action se passe avant une autre action.

On **avait fait** les courses et on **préparait** le repas.
[avant]   [après]

■ Le **passé composé** situe l'action **avant un moment** situé dans le **présent** :

Il **a remporté** les élections ; aujourd'hui il est président.

• Il est **obligatoirement** employé **en relation avec le présent** après une marque temporelle comme : *quand, après que, dès que, une fois que, aussitôt que,* etc.

Une fois qu'elle **a accompagné** les enfants à l'école, elle **va** au bureau.

• Il marque une **antériorité** dans l'expression de la condition avec « si » :

Si vous **avez mangé** trop de chocolat, vous aurez mal au ventre.

■ Le **plus-que-parfait** situe l'action **avant un moment du passé** exprimé par l'imparfait, le passé composé et le passé simple :

Elle lisait un livre qu'elle **avait acheté** le matin même.
– J'ai raté le train ! – Je t'**avais** bien **dit** de partir plus tôt.
Le bébé s'**était endormi** ; elle sortit sans faire de bruit.

• Il est **obligatoirement** employé **en relation avec l'imparfait** après une marque temporelle comme : *quand, après que, dès que, une fois que, aussitôt que,* etc.

Dès que nous **étions arrivés** à la mer, nous nous **jetions** dans l'eau et **jouions** pendant des heures.

• Il marque une **antériorité** dans l'expression de l'hypothèse avec « si » :

Si j'**avais su** qui elle était, je me serais méfié d'elle.

■ Le **passé antérieur** (*avoir* ou *être* au passé simple + participe passé) est **obligatoirement** employé **en relation avec le passé simple** après une marque temporelle comme : *quand, après que, une fois que, aussitôt que, dès que,* etc.

Aussitôt qu'ils **eurent dépassé** la frontière, ils **remarquèrent** que l'architecture était différente.

■ Le **futur antérieur** situe l'action **avant une autre action** exprimée au **futur** ou indique qu'elle est accomplie avant le moment indiqué par une marque temporelle :

Quand il **sera réveillé,** je lui parlerai.
J'espère que nous **aurons fini avant 18 heures.**

• Le futur antérieur est **obligatoirement** employé **en relation avec le futur** après une marque temporelle comme : *quand, après que, dès que, une fois que, aussitôt que,* etc.

Dès que je **serai arrivé**, je vous **téléphonerai.**

1 **Mettez ces phrases au passé, selon le modèle.**

Elle lit un livre qu'elle a acheté ce matin. → *Elle lisait un livre qu'elle avait acheté ce matin.*

1. Elle regarde le film qu'elle a loué quelques instants auparavant.

_____

2. Elle note l'adresse qu'elle a entendue à la radio.

_____

3. Elle cuisine le canard qu'il a tué le matin même.

_____

4. Il répare la porte qu'il a cassée sans le faire exprès.

_____

2 **Établissez une relation d'antériorité passé composé/présent.**

1. Dès qu'il *(prendre)* _____ son petit déjeuner, il *(acheter)* _____ le journal.

2. Après qu'elle *(se réveiller)* _____ , elle *(écouter)* _____ la radio.

3. Aussitôt qu'il *(donner)* _____ des ordres, les enfants *(obéir)* _____ .

4. Une fois que nous *(apprendre)* _____ nos leçons, elle nous *(autoriser)* _____ à jouer.

3 **Faites des phrases, comme dans l'exemple, à partir des éléments donnés.**

les élections/président → *Il a gagné les élections, aujourd'hui il est président.*

1. gagner la course/champion du monde. _____

2. beaucoup travailler/prendre des vacances. _____

3. trop regarder la télévision/avoir mal aux yeux. _____

4. beaucoup voyager/rester à la maison. _____

4 **Établissez une relation d'antériorité comme dans l'exemple.**

avoir reçu les résultats avant midi/téléphoner dans l'après-midi → *Nous aurons reçu les résultats avant midi, nous vous téléphonerons dans l'après-midi.*

1. avoir terminé le travail avant midi/aller déjeuner ensuite. _____

2. avoir rencontré les syndicats avant la fin de la semaine/informer alors. _____

3. avoir fini l'expérience dans deux jours/savoir enfin la vérité. _____

4. avoir bientôt reçu sa réponse/alors décider. _____

5 **Transformez selon l'exemple en établissant une relation d'antériorité.**

Dès leur retour, ils vous téléphoneront → *Dès qu'ils seront revenus, ils vous téléphoneront.*

1. Après leur entrée dans le magasin, nous entrerons à notre tour. _____

2. Dès leur sortie, nous irons voir ce qu'il y a dans l'appartement. _____

3. Une fois le travail fini, nous les paierons, pas avant. _____

LA POSTÉRIORITÉ indique qu'une action se passe après une autre action :

*Il **promet** qu'il **reviendra** demain.*
   [avant]   [après]

■ Le **futur**, le **futur proche** et « **être sur le point de** » situent l'action après un moment exprimé par le **présent** :

*Elle se prépare, elle **va sortir**.*
*Il ne peut pas répondre au téléphone, il **est sur le point de sortir**.*

■ Le **conditionnel présent** et le **conditionnel passé** situent l'action **après un moment du passé** exprimé par l'imparfait, le passé composé et le passé simple :

*Je savais qu'il **rentrerait** tôt ; qu'il **serait rentré** avant midi.*
*Elle a dit qu'elle **finirait** dans la matinée ; qu'elle **aurait fini** avant midi.*
*Le gouvernement affirma que les prix **baisseraient** ; que les prix **auraient baissé** avant la fin de l'année.*

■ « **Aller + infinitif** » et « **être sur le point de** » à l'imparfait situent l'action après un moment exprimé par l'imparfait, le passé composé et le passé simple :

Elle nous disait
Elle nous a dit } *de nous dépêcher parce que le repas **allait être** froid.*
Elle nous dit

Il nous appelait
Il nous a appelé } *pour nous dire qu'il **était sur le point** de sortir.*
Il nous appela

■ Le **futur** peut situer l'action **après un autre futur** ; dans ce cas les deux futurs sont liés par « *et* », « *puis* », « *ensuite* » ou « *après* » :

*Je **travaillerai** puis je **sortirai**.*
*Nous **irons** la chercher à l'aéroport et nous la **déposerons** à son hôtel.*
*On **prendra** le train jusqu'à Lyon, ensuite on **louera** une voiture pour aller à Annecy.*

1 **Répondez aux questions comme dans l'exemple.**

– Tu crois qu'il rentrera tôt ? – *Bien sûr puisqu'il a dit qu'il rentrerait avant dix heures.*

1. Tu crois qu'il sera là demain matin ?

_____

2. Tu crois qu'elle m'aidera dans mes recherches ?

_____

3. Tu crois qu'elle viendra avec nous ?

_____

4. Tu crois qu'elle restera longtemps absente ?

_____

5. Tu crois qu'il réussira à son concours ?

_____

2 **Complétez ces phrases en utilisant le conditionnel passé comme dans l'exemple.**

Il affirma qu'*une solution serait trouvée avant la fin du mois.*

1. Il décida que _____

2. Il déclara que _____

3. Il confirma que _____

4. Il osa dire que _____

5. Il finit par avouer que _____

3 **Répondez à ces questions comme dans l'exemple.**

– *Il fallait* vous prévenir ? – *Mais bien sûr, il aurait fallu me prévenir tout de suite.*

1. _____ vous téléphoner ? _____

2. _____ vous écrire ? _____

3. _____ vous appeler ? _____

4. _____ vous prévenir ? _____

4 **Complétez en utilisant les éléments donnés comme dans l'exemple.**

Il nous écrivait *qu'ils étaient sur le point de quitter Paris.*

1. Elle criait _____ ⎫
2. Elle a crié _____ ⎬ *aller* à l'imparfait + infinitif
3. Elle cria _____ ⎭

4. Il nous écrivait _____ ⎫
5. Il nous a écrit _____ ⎬ *être* à l'imparfait + « sur le point de » + infinitif
6. Il nous écrivit _____ ⎭

1   Passé composé, imparfait ou plus-que-parfait ? Complétez comme il convient, puis inventez une suite à cette histoire.

Une nuit particulière

Ce (*être*) _____ pendant un week-end du mois de mai. Nous (*décider*) _____ de passer deux jours à Paris où nous (*encore jamais aller*) _____. Deux mois avant, nous (*réserver*) _____ une chambre dans un hôtel du centre de la ville. Nous (*arriver*) _____ le samedi matin à l'aéroport. Il (*faire beau*) _____ et même un peu chaud. Un taxi nous (*conduire*) _____ à notre hôtel. Une dame nous (*accueillir*) _____, nous (*montrer*) _____ notre chambre. Nous (*défaire*) _____ nos bagages. Nous (*être*) _____ fous de joie à la perspective de découvrir la Ville lumière ! Sans perdre de temps nous (*sortir*) _____ à la découverte de la ville. Le week-end (*s'annoncer*) _____ bien et pourtant la nuit (*aller être*) _____ très particulière _____.

2   Imparfait, plus-que-parfait ou passé simple ? Complétez comme il convient.

L'Ingénu, selon sa coutume, (*s'éveiller*) _____ avec le soleil au chant du coq.

Il (*faire*) _____ deux ou trois lieues, il (*tirer*) _____ trente pièces de gibier à balle seule, lorsqu'en rentrant, il (*trouver*) _____ monsieur le prieur de Notre-Dame de la Montagne et sa discrète sœur se promenant en bonnet de nuit dans leur petit jardin. Il leur (*présenter*) _____ toute sa chasse, et, en tirant de sa chemise une espèce de petit talisman qu'il (*porter*) _____ toujours à son cou, il les (*prier*) _____ de l'accepter en reconnaissance de leur bonne réception.

Le prieur et mademoiselle (*sourire*) _____ avec attendrissement de la naïveté de l'Ingénu.

Le présent (*consister*) _____ en deux petits portraits assez mal faits, attachés ensemble avec une courroie fort grasse.

Voltaire, *L'Ingénu* (chapitre II)

3   Complétez avec le futur pour découvrir votre horoscope pour la semaine qui vient.

Cela (*bouger*) _____ dans votre vie. Vous (*sortir*) _____ de vos réserves les mains et la tête pleines de projets. Une semaine de passion (*commencer*) _____ pour vous et (*accélérer*) _____ vos décisions. Il (*falloir*) _____ compter votre temps pour ne rien sacrifier de votre vie privée. Ce qui (*ne pas être*) _____ une petite affaire. Quoi qu'il en soit, il (*souffler*) _____ sur tout ce qui vous (*toucher*) _____ un vent plein d'espoir. À vous de jouer si le cœur vous en dit, l'amour (*être*) _____ de la partie. Profitez-en !

4   **Complétez les phrases pour exprimer la postériorité en utilisant le temps qui convient.**

1. Aujourd'hui je me repose, demain _____ .

2. Ce mois-ci, nous avons économisé 152 €, le mois prochain _____ .

3. Cette semaine, j'ai fait du jogging, la semaine prochaine _____ .

4. Il venait de se marier ; bientôt il _____ .

5. L'année dernière, elle étudiait à Florence, cette année elle _____ à Paris.
et le semestre prochain, elle _____ à Londres.

6. Dans sa dernière lettre, il nous a promis qu'il _____ avant la fin du mois.

7. Les dernières informations signalent qu'il y aurait trois villages ensevelis sous la neige mais que tous les habitants _____ avant la nuit.

8. Il n'est pas là pour le moment mais vous pouvez l'attendre ; il _____ d'une minute à l'autre.

5   **Futur ou futur proche ? Complétez comme il convient.**

1. Nous (décoller) _____ à 10 heures de l'aéroport de Roissy et (arriver) _____ à Athènes à 14 heures.

2. Prépare-toi à démarrer, le feu (passer) _____ au vert.

3. N'oublie pas ton parapluie, il (pleuvoir) _____ .

4. Nous (se retrouver) _____ à 20 heures dans le hall.

5. Attendons un peu, elle (arriver) _____ d'une minute à l'autre.

6. Regarde bien : il (descendre) _____ de sa voiture et (rentrer) _____ à la boulangerie…

6   **Complétez les phrases pour exprimer l'antériorité.**

1. Nous pourrons lui poser des questions dès que _____ .

2. Elle partira travailler quand _____ .

3. Il descendait déjeuner une fois que _____ .

4. Je prendrai une décision lorsque _____ .

5. Elle irait les voir aussitôt que _____

LE SUBJONCTIF

> Je suis en retard, il faut absolument que j'y **aille**.
> Il est nécessaire que vous **preniez** des chèques de voyage.

FORMATION et CARACTÉRISTIQUES

Le subjonctif est formé à partir de la 3ᵉ personne du pluriel du présent de l'indicatif suivi de : **e – es – e – ions – iez – ent** (*voir tableau de conjugaison à la fin du livre*).

Présent de l'indicatif	**Subjonctif présent**
	que je parte
	que tu partes
	qu'il / qu'elle / qu'on parte
ils / elles partent Il faut que	que nous partions
	que vous partiez
	qu'ils / qu'elles partent

■ **Contraintes d'utilisation :** les deux sujets doivent être différents.

*J'aimerais qu'**il** vienne*
sujets différents

J'aimerais ~~que je~~ vienne → J'aimerais venir
mêmes sujets

■ **Le subjonctif par rapport à l'indicatif :**

Je voudrais qu'il vienne.   *Je pense qu'il viendra.*
Je ne crois pas qu'il le sache.   *Je crois qu'il le sait.*
Croyez-vous qu'il soit prêt ?   *Je crois qu'il est prêt.*

- Le subjonctif exprime une action dont la réalisation n'est pas sûre ; elle est **possible** : « j'aimerais » exprime un souhait et le subjonctif « vienne » exprime que l'action est possible.

- La négation du verbe « croire » transforme la certitude exprimée par l'indicatif en **possibilité** exprimée par le subjonctif.

- L'interrogation du verbe « croire » transforme la certitude exprimée par l'indicatif en **possibilité** exprimée par le subjonctif.

L'indicatif exprime que l'action est **probable** ou **sûre** :

Je pense qu'il viendra. Il est probable qu'il le sait.

Possibilité	**Probabilité**	**Certitude**
Il est possible qu'il vienne.	Il est probable qu'il viendra.	Il est certain qu'il viendra.

1 **Récrivez selon le modèle.**

Fais ça maintenant ! → – *C'est vrai, il faut que je fasse ça.*

1. – Apprends à conduire ! → – *Tu as raison, il faut que* _____

2. – Ne sortez pas, il pleut ! → – *Mais si, il faut que* _____

3. – Ne pars pas, attends-moi ! → – *Si, il faut que* _____

4. – N'allez pas la voir aujourd'hui ! → – *On a promis, il faut que* _____

5. – Faites des réservations dès demain ! → – *C'est vrai, il faut que* _____

6. – Écris-lui tout de suite ! → – *Tu as raison, il faut que* _____

2 **Faites le portrait de l'homme ou la femme de votre vie en utilisant le subjonctif.**

J'aimerais qu'il (elle) soit grand(e), qu'*(avoir)* _____ des cheveux longs/courts, bruns/blonds,

que ses yeux *(être)* _____ clairs/foncés et qu'ils *(pétiller)* _____ de

malice et d'intelligence, que de sa bouche *(sortir)* _____ des paroles aimables, qu'*(savoir)*

_____ faire la cuisine, qu'*(faire)* _____ beaucoup de sport mais pas

seulement ça et qu'*(me dire)* _____ des petits mots gentils en toute occasion.

3 **Utilisez le subjonctif comme dans le modèle.**

Je pense qu'il viendra. → *Moi, je ne pense pas qu'il vienne.*

1. – Je crois qu'il le fera. → – *Moi,* _____

2. – Je crois qu'il le dira. → – *Moi,* _____

3. – Je pense qu'il la suivra. → – *Moi,* _____

4. – Je pense qu'il partira bientôt. → – *Moi,* _____

5. – Je crois qu'il guérira vite. → – *Moi,* _____

6. – Je crois qu'elle ira en Afrique. → – *Moi,* _____

4 **Complétez avec le subjonctif.**

Avant de faire un long voyage en voiture, il est nécessaire que vous *(vérifier)* _____ la

pression des pneus, que vous *(faire)* _____ le plein d'essence, que vous *(remplir)*

_____ le radiateur d'eau, que vous *(compléter)* _____ le liquide

des freins, que vous *(nettoyer)* _____ le pare-brise, que vous vous *(assurer)*

_____ que vous avez des outils dans le coffre.

EMPLOIS DU SUBJONCTIF

■ Il est employé après des constructions exprimant l'obligation, la nécessité :

> *Il faut que j'y aille. – Il est nécessaire que tu dormes.*
> *Il est indispensable que cette lettre parte avant 18 heures.*

■ Il est employé après des mots exprimant un sentiment, une appréciation, une attitude particulière de l'esprit (*joie, regret, chagrin, honte, étonnement, crainte, souhait, désir, ordre, prière, permission, défense,* etc.) :

> *Elle est fâchée que je ne sois pas d'accord avec elle. – Je comprends que tu veuilles y aller.*
> *C'est bien que tu lui écrives. – On préfère qu'il fasse chaud.*
> *Elle voudrait que tu ailles l'attendre.*

■ Il peut être employé après un pronom relatif quand on n'est pas sûr de l'existence réelle de la chose ou de la personne dont on parle.

> *Je cherche un traducteur qui connaisse l'anglais, le français et le japonais.*
> [Je ne suis pas certain que ce traducteur existe.]
> *J'aimerais trouver un assistant sur qui je puisse compter.*
> [Je ne suis pas certain que cet assistant existe.]

■ Il peut être employé après certaines conjonctions exprimant :

• **Le temps :** *avant que – jusqu'à ce que – en attendant que.*

> *On attendra jusqu'à ce que tu reviennes.*
> *Il a préféré leur dire la vérité avant qu'ils (ne) l'apprennent par quelqu'un d'autre.*

> « Avant que » peut être suivi de « ne » explétif *(voir p. 32).*

• **Le but :** *pour que – afin que – de peur que – de crainte que.*

> *Nous lui avons donné des adresses pour qu'il puisse trouver un hôtel facilement.*
> *J'ai allumé le chauffage de peur qu'ils (n') aient froid.*

> « De peur que, de crainte que » peuvent être suivis de « ne » explétif *(voir p. 32).*

• **La condition :** *à condition que – pourvu que.*

> *Nous partirons à condition qu'il y ait de la place dans l'avion.*
> *Je te prête mon dictionnaire pourvu que tu me le rapportes rapidement.*

1   **Répondez en utilisant le subjonctif selon le modèle.**

aider les autres → *C'est bien que tu aides les autres.*

1. dire des mensonges → *C'est agaçant que* _____

2. aller au cinéma ou au théâtre → *J'aimerais mieux que* _____

3. faire chaud ou froid → *Ça m'est égal que* _____

2   **Mettez le verbe au subjonctif et terminez le texte.**

Je cherche une secrétaire qui *(connaître)* _____ trois langues, qui *(savoir)* _____

taper à la machine, qui *(pouvoir)* _____ prendre en sténo, qui *(avoir)* _____

l'expérience du traitement de texte, et qui *(être)* _____ toujours souriante.

3   **Mettez les verbes proposés au subjonctif et complétez le texte.**

Cher Dominique,

Avant que tu *(partir)* _____ , j'aimerais que tu me *(faire)* _____ ,

que tu me *(dire)* _____ , que tu me *(donner)* _____ . En attendant

que tu *(revenir)* _____ , _____ .

À bientôt, Claude.

4   **Complétez avec les verbes et expressions de votre choix.**

Nous formulons des vœux pour que Simon _____ , pour que Marie

_____ , pour que grand-père _____ et

que grand-mère _____ . Bonne année à tous !

5   **Récrivez ces phrases en utilisant « à condition que » ou « pourvu que » selon le modèle.**

Si vous avez de l'argent, tout ira bien. → *Pourvu que vous ayez de l'argent, tout ira bien.*

1. – Vous passerez la frontière sans ennuis si vous avez un visa. _____

2. – Si vous avez une invitation, on vous laissera rentrer. _____

3. – Vous pouvez participer à notre fête si vous êtes déguisés. _____

6   **Transformez ces phrases en utilisant « bien que », « sans que », « où que », « quoi que » comme dans le modèle.**

Il est malheureux et pourtant il est riche. → *Il est malheureux bien qu'il soit riche.*

1. Il est le meilleur et pourtant il perd souvent. _____

2. Tu as beau faire et beau dire, il ne comprend rien. _____

3. Ici ou là, pour moi c'est toujours la même chose. _____

4. Il m'est arrivé une histoire peu agréable et je ne savais pas pourquoi. _____

• **La concession :** *bien que – quoique – sans que – à moins que – où que – qui que – quoi que.*

> *C'est mon ami **bien qu**'il **ait** beaucoup de défauts.*
>
> *Ils sont sortis **sans que** leurs parents **le sachent**.*
>
> ***Quoi que** tu **dises**, **quoi que** tu **fasses**, il ne sera pas content.*
>
> *Je n'irai pas, **à moins que** tu **(ne) viennes** me chercher en voiture.*

> • « À moins que » peut être suivi de « ne » explétif *(voir p. 32)*.
>
> • Après certaines conjonctions – *bien que, à condition que, pourvu que…* –, les sujets peuvent être les mêmes.
>
> ***Je** viendrai à condition que **je** sois en forme.*

LES TEMPS DU SUBJONCTIF

Le subjonctif présent

• Il indique que l'action est **simultanée** à l'action exprimée par le verbe précédent :

> *Je **suis** désolée qu'il ne **soit** pas là.*

• Il indique que l'action est **postérieure** à l'action exprimée par le verbe précédent :

> *Il **aimerait** que tu **ailles** le voir* [tout à l'heure, demain, dans huit jours…].

Le subjonctif passé

• Il est formé avec « **avoir** » ou « **être** » **au subjonctif** suivi du **participe passé** du verbe :

> *Il faut que j'**aie fini** avant midi.*
>
> *C'est dommage que tu ne **sois** pas **venu** hier.*

• Il indique que l'action est **antérieure** à l'action exprimée par le verbe précédent :

> *Elle **est déçue** que nous ne lui **ayons** pas **répondu**.*
>   [après]   [avant]

• Il indique une action **accomplie avant** un moment indiqué par une expression de temps :

> *Elle voudrait qu'on **ait rendu** ce dossier **avant la fin du mois**.*
>
> *Il faut que vous **soyez rentrés avant minuit**.*

1 Dites si l'action exprimée par le subjonctif est simultanée S à l'autre action ou postérieure P.

	S	P
1. J'aimerais que vous fermiez la fenêtre.	☐	☐
2. Je doute qu'il ait raison.	☐	☐
3. Elle a peur qu'il arrive tard.	☐	☐
4. Je regrette qu'elle soit fâchée.	☐	☐
5. Il faut que tu partes maintenant.	☐	☐
6. Nous souhaitons que vous ayez du beau temps.	☐	☐
7. C'est dommage que ça ne marche pas.	☐	☐

2 Reliez les deux phrases selon le modèle.

Ils ont dû perdre notre adresse. – J'en ai bien peur. → *J'ai bien peur qu'ils aient perdu notre adresse.*

1. La lettre s'est peut-être perdue. – Elle le craint.

Elle craint _____

2. Il a répondu aussitôt. – C'est possible.

C'est possible _____

3. On doit envoyer cette fiche. – Le ministère l'exige.

Le ministère exige _____

4. Il a perdu son appareil photo. – Elle en est navrée.

Elle _____

5. Nous avons beaucoup pensé à elle. – Elle en est émue.

Elle _____

6. Vous lui avez menti. – Il est déçu.

Il _____

7. Elle ne l'a pas attendue. – Elle est triste.

Elle _____

8. Il a fait preuve de courage. – Je ne le nie pas.

Je _____

3 Récrivez ce texte en commençant par « Il faut que » et en utilisant le subjonctif passé.

Il faut avoir fini le travail avant le déjeuner, avoir tout nettoyé, être allé jeter les ordures, avoir mis les outils dans la camionnette, être propre et bien habillé pour pouvoir vous présenter au déjeuner.

Il faut que vous _____

_____

_____

SUBJONCTIF ou INDICATIF?

Le choix du mode dépend du verbe introducteur qui signale la façon dont le locuteur voit la réalisation de l'action subordonnée.

Lorsque le locuteur envisage la **réalisation effective**, l'indicatif est utilisé.

Lorsque le locuteur envisage une **réalisation possible**, le subjonctif est utilisé.

> *Il est **probable** qu'il **viendra**.– Il est **possible** qu'il **vienne**.*

■ LE CAS DES VERBES

● Certains verbes introducteurs impliquent que le locuteur envisage l'action dans sa réalisation effective ; ils sont alors suivis de l'**indicatif**.

– Ces verbes peuvent exprimer une opinion, un constat, un savoir : *penser que, croire que, trouver que, avoir l'impression que, être certain/sûr que, savoir que, ignorer que, s'apercevoir que, voir que, constater que, comprendre que, apprendre que, observer que,* etc. :

> *Je **crois** qu'ils **viendront**. – Je **sais** que la réunion **est** annulée.*

– Ils peuvent exprimer différentes nuances de « dire » : *dire que, affirmer que, déclarer que, assurer que, répéter que, répondre que, prétendre que,* etc. :

> *Il **a déclaré** que les salaires **augmenteraient**.*

– Ils peuvent exprimer une évidence ou une forte probabilité : *il est probable que, il paraît que, il est évident que, il est sûr/certain que,* etc.

> *Il **paraît** qu'il **est** malade.*

 Les verbes introducteurs utilisés à la forme négative transforment en général la réalisation **effective** en réalisation **possible** :
*Je **ne** crois **pas** qu'ils **viennent**. – Il **n'**est **pas** sûr que la réunion **ait** lieu.*

● Certains verbes impliquent que le locuteur envisage la réalisation de l'action comme **possible** ; ils sont alors suivis du **subjonctif**.

– Ces verbes peuvent exprimer l'ordre, le refus, l'acceptation, la demande : *ordonner que, interdire que, accepter que, autoriser que, demander que,* etc. :

> *Il **a refusé** qu'on y **aille**. – Elle **demande** que nous **soyons** prêts à 8 heures.*

– Ils peuvent exprimer l'appréciation ou les sentiments : *avoir peur que, regretter que, trouver bien/mal, normal que,* etc. :

> *Je **trouve curieux** qu'il ne **soit** pas venu.*

– Ils peuvent exprimer le désir, l'obligation : *il faut que, vouloir que, désirer que, souhaiter que,* etc. :

> *Je **voudrais** qu'il me le **dise**.*

– Ils peuvent exprimer la possibilité, le doute : *il est peu probable que, il est possible que, douter que,* etc. :

> *Il **est possible que** nous n'y **allions** pas.*

1 Mettez le verbe proposé au mode et au temps qui conviennent.

1. Je pense que le train *(avoir du retard)* _____ .

2. Je ne pense pas que le train *(avoir du retard)* _____ .

3. Elle trouve que la pièce *(être réussie)* _____ .

4. Elle ne trouve pas que la pièce *(être réussie)* _____ .

5. Ils croient que nous *(faire un bon choix)* _____ .

6. Ils ne croient pas que nous *(faire un bon choix)* _____ .

7. Nous avons l'impression qu'il *(aller mieux)* _____ .

8. Nous n'avons pas l'impression qu'il *(aller mieux)* _____ .

9. Je dis que *(être)* son plus mauvais film _____ .

10. Je ne dis pas que *(être)* son plus mauvais film _____ .

2 Même exercice.

1. Il est possible qu'ils *(venir)* _____ avec nous.

2. Il est peu probable qu'ils *(venir)* _____ avec nous.

3. Il est certain que nous *(finir)* _____ avant la nuit.

4. Il n'est pas certain que nous *(finir)* _____ avant la nuit.

5. Il est évident qu'elle *(vouloir)* _____ se marier maintenant.

6. Il n'est pas évident qu'elle *(vouloir)* _____ se marier maintenant.

7. Il n'est pas sûr que nous *(être invités)* _____ .

8. Il est possible que nous *(être invités)* _____ .

9. Il est très probable que nous *(être invités)* _____ .

10. Il paraît que nous *(être invités)* _____ .

3 Mettez le verbe proposé au mode et au temps qui conviennent en respectant la concordance des temps.

1. Je ne savais pas qu'ils *(quitter)* _____ la France il y a un mois.

2. Nous regrettons qu'ils *(ne plus être)* _____ à Paris.

3. Le Premier ministre a annoncé que les impôts *(diminuer)* _____ .

4. Les ouvriers demandent que les conditions de travail *(être meilleures)* _____ .

5. Je trouve que tu *(avoir l'air fatigué)* _____ .

6. Nous trouvons anormal que tu *(faire)* _____ tout le travail seule.

7. Elle croit que tout *(s'arranger)* _____ dès qu'ils seront partis.

8. Il a cru bon que nous *(aller)* _____ lui rendre visite.

9. Elle répète qu'elle *(réussir)* _____ sans difficultés.

10. Sa famille doute qu'elle *(réussir)* _____ .

■ LE CAS DES CONJONCTIONS

- Certaines conjonctions sont suivies de **l'indicatif** ; les actions qu'elles introduisent sont vues dans leur **réalisation effective**. Elles peuvent exprimer :

– la simultanéité : *quand, lorsque, pendant que, tant que, tandis que, alors que, au moment où*, etc. :

> *Il a peur **tant que** l'avion n'**a pas atterri**.*

– la postériorité : *après que, dès que, aussitôt que*, etc. :

> *Je travaillerai **après qu**'ils **seront** partis.*

– la cause, la conséquence : *parce que, puisque, étant donné que, si bien que*, etc. :

> *Il a fait très froid **si bien que** le lac **était** gelé.*

– l'hypothèse : *si, même si, comme si*, etc. :

> *** Si** tu me le **demandes**, je viendrai.*

- Certaines conjonctions sont suivies du **subjonctif** ; les actions qu'elles introduisent sont représentées comme ayant **une réalisation possible**. Elles peuvent exprimer :

– l'antériorité, l'anticipation : *avant que, en attendant que, jusqu'à ce que*, etc. :

> *J'attendrai **jusqu'à ce que** vous **reveniez**.*

– la restriction, la condition : *à moins que, bien que, quoique, à condition que, pourvu que*, etc. :

> *Je partirai **pourvu que** j'**obtienne** un visa.*

– le but : *pour que, afin que, de sorte que*, etc. :

> *J'ai laissé le chauffage allumé **pour qu**'il **fasse** chaud à notre retour.*

■ L'ALTERNANCE SUBJONCTIF/INDICATIF

Certains verbes peuvent être suivis du subjonctif ou de l'indicatif selon leur sens : *dire, admettre, comprendre, supposer, demander*, etc. :

> *J'**admets** qu'il a tort. – J'**admets** qu'il **ait** envie de changer de vie.*
> ↳ [= manière de « dire »] ↳ [= acceptation]

> *Il a **demandé** si tu **allais** bien. – Il **demande** que tu lui **écrives**.*
> ↳ [= manière de « dire »] ↳ [= exigence]

> *Nous **supposons** qu'il **sera** là à 20 heures.*
> ↳ [= opinion]

> ***Supposons** qu'il ne **vienne** pas.*
> ↳ [= supposition]

1 Mettez le verbe proposé au mode et au temps qui conviennent.

1. Il se lève toujours avant qu'il *(faire jour)* _____.

2. Nous irons les remercier après que les invités *(partir)* _____.

3. Nous attendrons jusqu'à ce qu'il *(ne plus pleuvoir)* _____.

4. Je ne partirai pas tant que la pluie *(ne pas s'arrêter)* _____.

5. Ils bavardaient pendant qu'elle *(regarder)* _____ la télévision.

6. Ils parlaient à voix basse pour qu'elle *(pouvoir dormir)* _____.

7. Je ne lui pardonnerai pas même s'il me le *(demander)* _____ à genoux.

8. Elle ne lui a pas pardonné bien qu'il *(s'être excusé)* _____ plusieurs fois.

9. S'il *(faire beau)* _____ on ira se promener dans la forêt.

10. Nous ne sommes pas sortis quoiqu'il *(faire beau)* _____.

11. On pourra skier pourvu qu'il y *(avoir)* _____ de la neige.

12. Ils ont pu skier parce qu'il *(neiger)* _____ la veille.

13. Commençons de dîner en attendant qu'il *(revenir)* _____.

14. On commencera de dîner dès qu'ils *(arriver)* _____.

15. Il était en colère si bien que tout le monde *(partir)* _____.

16. Nous sommes restés bien que l'ambiance *(ne pas être)* _____ bonne.

17. La fête sera agréable s'il *(ne pas pleuvoir)* _____.

18. La fête sera agréable pourvu qu'il *(ne pas pleuvoir)* _____.

2 Mettez le verbe au subjonctif ou à l'indicatif selon le sens qu'il exprime.

1. Nous avons compris qu'il *(vouloir)* _____ nous parler de ses projets.

2. Je comprends très bien que tu *(vouloir)* _____ changer de travail.

3. J'admets que je *(faire une erreur)* _____.

4. Mes parents n'admettent pas que je *(sortir)* _____ tous les soirs.

5. Il nous a dit qu'il *(venir)* _____ nous chercher avant 6 heures.

6. Le professeur a dit que nous *(faire)* _____ ces exercices pour demain.

7. Je suppose que vous *(être fatigués)* _____ ; reposez-vous un peu !

8. En supposant que nous *(trouver)* _____ des places dans l'avion, il faudrait également trouver un hôtel.

9. Elle s'imagine que les magasins *(être ouverts)* _____ .

10. Imaginons que l'organisation *(obtenir)* _____ des subventions, elle pourra créer plusieurs bureaux.

LE CONDITIONNEL

> Ils partent en voyage au Mexique : j'**aimerais** tellement partir avec eux ! Emma **pourrait** partir aussi.
>
> Elle **aurait aimé** être actrice mais ses parents n'ont pas voulu.

FORMATIONS et CARACTÉRISTIQUES

■ Le **conditionnel présent** est formé du **radical du futur** suivi des **terminaisons de l'imparfait** (voir conjugaisons page 186) :

Aimer	→	*J'aimer-ai*	→	***J'aimer-ais***
Venir	→	*Il viendr-a*	→	***Il viendr-ait***
Avoir	→	*Nous aur-ons*	→	***Nous aur-ions***

■ Le **conditionnel passé** est formé avec « **avoir** » ou « **être** » **au conditionnel** suivi du **participe passé** :

> elle ***aurait aimé*** – nous ***serions venus*** – je ***me serais baigné***

■ **Caractéristiques du conditionnel**

Il exprime un fait dont la réalisation est éventuelle :

> On ***pourrait aller*** à la piscine.

• Il est différent de l'indicatif qui exprime que la réalisation de l'action est certaine ou probable :

> *Rentrons, il **pleut** ! [Rentrons, il **va pleuvoir** !]*
> *Le ciel est encore gris : il **pourrait pleuvoir** cette nuit.*

• Il se distingue du subjonctif qui exprime que la réalisation de l'action n'est pas certaine, elle est possible :

> *Il fait beau mais il se peut qu'il **pleuve** demain. Le temps change très vite !*
> *Il a plu toute la nuit ; le ciel est encore gris ; il **pourrait pleuvoir** dans la journée.*

■ **Le conditionnel ou le futur dans le passé**

• Le conditionnel **présent** remplace le **futur** dans le **discours indirect** quand le premier verbe est au **passé** :

> *Il **dit** qu'il **téléphonera** de l'aéroport. → Il **a dit** qu'il **téléphonerait** de l'aéroport.*

• Le conditionnel **passé** remplace le **futur antérieur** dans le **discours indirect** quand le premier verbe est au passé :

> *Il **promet** qu'il **écrira** dès qu'il **sera arrivé**. → Il **avait promis** qu'il **écrirait** dès qu'il **serait arrivé**.*

1   **Récrivez ce dialogue en mettant les verbes soulignés au conditionnel pour renforcer l'éventualité.**

– Allons faire du bateau ?

– Le vent <u>peut</u> se lever.

– Le temps <u>peut</u> changer rapidement, mais tout de même !

– Je connais bien la mer ici et il <u>peut</u> y avoir du vent au moment de la marée.

_____

_____

_____

_____

2   **Récrivez ce texte en mettant les verbes au conditionnel passé.**

Nous viendrions vous voir bien volontiers, mais il faudrait que la voiture soit en état de marche. Il faudrait que nous puissions trouver quelqu'un pour s'occuper des animaux et de la maison. Et puis pour la santé de Marine, il faudrait que le temps soit au beau fixe.

_____

_____

_____

_____

3   **Récrivez ce dialogue en commençant par « Qu'est-ce qu'il a dit ? ».**

– Qu'est-ce qu'il dit ?

– Il dit qu'il téléphonera quand il arrivera à la gare.

– Qu'est-ce qu'il dit encore ?

– Il dit qu'il faudra aller le chercher parce qu'il sera chargé.

– C'est tout ce qu'il dit ?

– Non, il dit qu'il nous attendra le temps qu'il faudra.

– Il ne dit rien d'autre ?

– Si, il dit qu'il restera un bon mois avec nous.

_____

_____

_____

_____

LES EMPLOIS DU CONDITIONNEL

Il peut exprimer des **faits fictifs**, une vie **imaginaire** :

> *On **vivrait** au bord de la mer. On **irait** à l'école le matin. L'après-midi on se **baignerait**, on **pêcherait**.*

Il peut exprimer le **souhait**, le **désir** :

> *Ça me **ferait** plaisir de te revoir.*
> *Je **voudrais** tellement être en vacances.*
> *Ce **serait** si agréable de passer une journée ensemble !*

Le **conditionnel passé** sert à exprimer le **regret**, le **reproche** :

> *Elle **aurait voulu** être médecin mais ses résultats en mathématiques n'étaient pas bons.* [regret]
> *Tu **aurais pu** me laisser les clés chez le voisin !* [reproche]
> *On **aurait préféré** que tu nous mettes au courant !* [reproche]
> *J'**aurais apprécié** que tu m'envoies un petit mot d'encouragement.* [reproche]

> ⚠️ Les modaux « **pouvoir** », « **devoir** » et « **falloir** » sont employés pour exprimer le **reproche** :
> *Vous **auriez dû** nous le dire plus tôt : maintenant, c'est trop tard !* [= Il aurait fallu nous le dire...]
> *Tu **aurais dû** me prévenir, j'aurais pu t'aider.*

 Il sert à annoncer des informations dont on n'est pas sûr :

> *Violentes inondations dans le Sud : il y **aurait** des dizaines de maisons détruites.*
> *Selon notre dernier sondage, le nombre de célibataires **aurait augmenté** de 20 % en dix ans.*

> *Le chef de service **aurait** des ennuis avec la direction ; il **aurait donné** sa démission.*

> ⚠️ • Dans cet exemple, le conditionnel exprime la rumeur.
> • Ce conditionnel est beaucoup utilisé dans le style journalistique pour présenter des informations qui n'ont pas encore été vérifiées et qu'on annonce avec prudence.

1 Imaginez que vous vivez avec des amis dans une île de rêve. Racontez ce que serait votre vie : votre habitation, vos activités, votre nourriture, etc.

_____

_____

_____

2 En utilisant les expressions : « j'aimerais tellement », « ça me ferait plaisir de », « ce serait agréable de », « ce serait sympathique de », « je voudrais bien », exprimez les souhaits suivants :
revoir des amis de lycée – pouvoir discuter avec eux – faire de longues promenades au bord de la mer – se retrouver avec eux à la terrasse d'un café – écouter de la musique pendant des heures.

_____

_____

_____

3 En utilisant : « pu », « voulu », « aimé », « apprécié », « préféré », exprimez les regrets d'un homme et justifiez ces regrets comme dans l'exemple.
être marin – courir les mers et les océans – affronter le vent, la pluie, la tempête – faire la fête en rentrant au port – rencontrer d'autres gens – découvrir d'autres pays.

→ *J'aurais voulu être acteur mais mes parents s'y sont opposés.*

_____

_____

_____

4 Utilisez le conditionnel passé pour exprimer le reproche.

1. **Il fallait** nous prévenir tout de suite ou prévenir les pompiers.

_____

2. **Vous deviez** vérifier les extincteurs tous les mois ; vous ne l'avez pas fait.

_____

3. **Tu devais** me laisser ton adresse mais tu as oublié de le faire.

_____

4. **Elle pouvait** nous dire où elle était : on s'est inquiétés.

_____

5 Récrivez des informations de façon à exprimer qu'elles ne sont pas sûres.

Le numéro 1 du parti de l'opposition est accusé de trafic d'argent. Une grande compagnie, pour obtenir un marché important, a donné à ce dirigeant de grosses sommes d'argent pour son parti. L'accusation est faite, selon l'opposition, par le ministre de la Justice. Il s'agit de déstabiliser le parti avant les élections, toujours selon l'opposition. Son parti a même, à ce qu'on dit, demandé sa démission.

Le conditionnel sert à « atténuer », « adoucir » une **demande**, à exprimer un **conseil** ou une **suggestion** :

> *J'aimerais connaître les heures de départ pour New York le dimanche, s'il vous plaît ?* [demande polie]
>
> *J'aurais voulu un billet pour samedi prochain.* [demande polie]
>
> *Tu devrais mettre un manteau, il fait froid !* [conseil]
>
> *Vous pourriez lui envoyer une lettre pour l'inviter.* [suggestion]

⚠ • « **Pouvoir** » au conditionnel présent est en général employé pour exprimer la **suggestion** :
*Tu **pourrais** l'emmener au cinéma ; il serait content.*

• « **Devoir** », « **tu ferais mieux de** » + infinitif et « **il vaudrait mieux** » + infinitif ou « **il vaudrait mieux que** » + subjonctif sont employés pour exprimer le **conseil** :
*Vous **devriez** passer par Florence, c'est superbe !*
*Tu **ferais mieux** de lui demander son avis.*
*Il **vaudrait mieux** aller consulter un spécialiste.*
*Il **vaudrait mieux que** nous partions un peu plus tôt.*

 Il peut exprimer la **probabilité** avec « **devoir** » :

> *Son avion **devrait arriver** à 17 heures.*
>
> *Ils ont quitté Paris à midi ; ils **devraient être** à Lyon vers 18 heures.*
>
> *Sa lettre **aurait dû arriver** aujourd'hui.* [mais elle n'est pas arrivée]

Il est employé avec « **si** » + imparfait pour exprimer un **souhait** qui n'est pas réalisable :

> *Si j'avais de l'argent, je t'en **prêterais**.* [je voudrais avoir de l'argent pour t'en prêter]

• Avec « si » + plus-que-parfait, le conditionnel présent et le conditionnel passé peuvent être utilisés :

> *S'il **avait vu** cette pièce, il l'**aurait aimée**.*
>
> *Si tu **avais assisté** à la présentation de son livre, tu **comprendrais** mieux les idées qu'il contient.*

(Voir chapitre 26, l'expression de la condition et de l'hypothèse.)

⚠ Pour formuler des hypothèses, on peut également dire :
*J'**aurais** 15 euros, je vous les **donnerais** avec plaisir.* [= Si j'avais 15 euros]
*Vous **auriez pris** l'avion, **vous seriez** arrivés plus tôt.* [= Si vous aviez pris l'avion...]

Utilisez le conditionnel pour transformer les ordres comme il est indiqué.

1. Donnez-moi un billet de 2ᵉ classe pour Nantes. *[demande polie]*

_____

2. Mets ton manteau, il fait froid. *[conseil]*

_____

3. Téléphone-lui et invite-le à venir passer le week-end avec nous. *[suggestion]*

_____

4. Écris-lui pour la remercier de son cadeau. *[conseil]*

_____

5. Tu n'es pas bien, va voir le médecin. *[conseil]*

_____

6. Ton état ne s'améliore pas, il faut aller à l'hôpital. *[conseil]*

_____

7. Prêtons-leur un peu d'argent, ils en ont besoin. *[suggestion]*

_____

2 **Récrivez ce texte en utilisant le conditionnel pour exprimer la probabilité.**

Son avion doit arriver à 20 heures. Supposons qu'il attende ses bagages une demi-heure. Il doit sortir de l'aéroport vers 20 h 30. Supposons qu'il fasse la queue aux taxis un quart d'heure. Il doit mettre une heure pour arriver à Paris, donc il doit être à son hôtel vers 21 h 45. Nous serons là et nous verrons bien.

_____

_____

_____

 Utilisez « si » + imparfait et le conditionnel pour exprimer des souhaits non réalisables avec les éléments proposés.

1. Si j'avais plus de temps libre _____

2. Si Paris était au bord de la mer _____

3. Si elle m'aimait _____

4. Si tu me comprenais _____

5. Si tu parlais le russe _____

6. Si on savait danser _____

7. Si j'avais beaucoup d'argent _____

8. Si la situation était moins tendue _____

1   Répondez en utilisant la forme verbale qui convient à l'intention notée entre parenthèses.

1.   – Qu'est-ce qu'on va offrir à papa et maman pour leurs cinquante ans de mariage ?

(suggestion)   – _____

2.   – Tu as eu une réponse pour ta demande d'emploi ?

(prévision)   – Non, mais _____

3.   – Je prendrai la voiture et je ferai le voyage de nuit.

(conseil)   – À ta place _____

4.   – Je ne vous ai pas fait trop mal ?

(reproche)   – _____

5.   – Je ne connais pas grand-chose à ce problème.

(nécessité)   – _____

6.   – Elle me semble en mauvaise santé.

(l'obligation) – Oui, _____

2   Quand on vous a recruté on vous avait promis une augmentation de salaire, un appartement de fonction confortable, des missions à l'étranger, les congés scolaires et vous n'avez rien eu de tout cela. Vous racontez à un(e) ami(e) votre déception.

On m'avait promis que _____

_____

_____

_____

3   Utilisez le conditionnel présent ou passé.

a. Vous téléphonez à un(e) ami(e) pour lui donner les conseils importants avant qu'il(elle) ne parte en voyage dans un pays subsaharien.

_____

_____

b. Vous écrivez une lettre de reproches à votre fils qui a dépensé toute sa bourse et qui a raté ses examens.

_____

_____

c. Vous téléphonez à un(e) ami(e) pour lui proposer de vous accompagner pour le week-end. Vous lui proposez aussi un programme.

_____

_____

d. Vous êtes journaliste. Vous rédigez un court article relatif à un événement mais vous n'êtes pas certain de vos informations.

_____

_____

4   **Complétez par l'indicatif ou le subjonctif.**

Chère Amie

Je crois que Paul et Virginie _(vouloir se marier)_ _____ le mois prochain. Je serais heureux que vous _(venir)_ _____ au mariage. Je suis sûr que votre présence leur _(faire)_ _____ le plus grand plaisir. Et je ne doute pas que cela vous _(faire)_ _____ également plaisir. Je serais également très heureuse que vos parents _(pouvoir)_ _____ vous accompagner ; de plus ce serait une excellente occasion pour que nous _(pouvoir)_ _____ enfin nous revoir. À moins qu'ils _(avoir)_ _____ un engagement à cette date, auquel cas je _(comprendre)_ _____ leur absence. Je compte sur vous et sur eux. Amitiés, Claude.

5   **Complétez par l'indicatif ou le subjonctif.**

1. J'espère que tu _(m'écrire)_ _____ souvent.

2. Elle a jugé qu'il _(être)_ _____ trop tard.

3. Ils ont jugé bon que nous _(se réunir)_ _____ dès demain.

4. Pensez-vous qu'il _(falloir s'inquiéter)_ _____ ?

5. Il a dit qu'il _(revenir)_ _____ demain.

6. Les autorités demandent que nous _(avoir)_ _____ un visa pour trois mois.

7. J'ai l'impression qu'il _(pleuvoir)_ _____ .

8. Je ne pense pas qu'il _(pleuvoir)_ _____ .

9. Il est grand temps que nous _(partir)_ _____ ; il est tard.

10. Le mieux est que tu lui _(dire)_ _____ ce qui s'est passé.

11. Il suffit que vous lui _(téléphoner)_ _____ rapidement.

12. J'imagine que vous _(ne pas aller)_ _____ le voir.

13. Imaginons que vous _(aller)_ _____ le voir.

14. Elle prétend qu'il _(être)_ _____ l'ami du Président.

15. Il n'est pas impossible qu'il _(être)_ _____ l'ami du Président.

16. Il me semble qu'il _(aller + neiger)_ _____ .

17. Il semble qu'il _(être venu)_ _____ en notre absence.

L'INFINITIF

> **Partir**, c'est **mourir** un peu.
>
> Elle a dû **partir** pour **aller** les **accueillir** à la gare.
>
> Nous souhaitons **recevoir** votre réponse avant de **prendre** notre décision.

CARACTÉRISTIQUES

- L'infinitif se distingue par ses terminaisons :
  *aim**er** – réfléch**ir** – vend**re** – pouv**oir** – di**re** – répond**re***

  *Avant de répond**re**, il faut réfléch**ir**.*

- Il a une forme pronominale :
  ***s'**apercevoir – **se** lever – **se** souvenir*

  *Je n'arrive pas à **me lever** tôt.*

- Il a une forme passive :
  ***être** fermé – **être** dit – **être** fini*

  *Cette porte doit **être fermée** la nuit.*

- Il a une forme négative :
  ***ne pas** aimer – **ne jamais** dormir – **ne plus** venir*

  *Il vaut mieux **ne rien dire**.*
  ***Ne pas se pencher** par la fenêtre !*

- Il a une forme passée, **l'infinitif passé**, qui exprime une antériorité :

  *Il me semble le lui **avoir dit**. – Elle espère **être arrivée** avant midi.*

- Il peut être remplacé par le nom ; c'est la forme nominale du verbe :

  *Il aime **lire**. → Elle aime **la lecture**.*
  *Le **dîner**, le **déjeuner**, le **boire**, le **manger**, etc.*

- Comme le nom, l'infinitif est souvent utilisé après une préposition (*de, à, pour, après, sans*) :

  *Elle est contente **de partir**. – Sortez **sans faire** de bruit.*

- Il peut exprimer l'ordre, le conseil, les directives :

  ***Ne pas marcher** sur la pelouse.*
  ***Boire** frais de préférence.*
  ***Prendre** 100 g de farine et **mélanger** avec deux œufs.*

1 Récrivez ces phrases en utilisant les mots entre parenthèses et en mettant les verbes soulignés à l'infinitif.

1. <u>Réfléchissez</u> avant de répondre. *(il faut)* _____

2. <u>Fermez</u> la porte derrière vous. *(devoir)* _____

3. Ne <u>dites</u> rien. *(il est préférable de)* _____

4. Ne vous <u>penchez</u> pas ! *(Il est interdit de)* _____

5. Ne <u>dites</u> jamais rien de cette affaire. *(valoir mieux)* _____

2 Répondez avec l'infinitif passé comme dans l'exemple.

– Quand espérez-vous rentrer ? → – *Nous espérons **être rentrés** pour Noël.*

1. – Quand espérez-vous partir ? – _____

2. – Quand penses-tu arriver ? – _____

3. – Avez-vous reproché quelque chose à Jacques ? – Je ne pense pas _____

4. – Est-ce que tu as été suivi par quelqu'un ? – Je ne crois pas_____

5. – Est-ce que tu l'as déjà rencontré ? – Je ne me rappelle pas _____

3 Transformez l'infinitif en nom comme dans l'exemple.

Il aime lire → *Il aime **la lecture**.*

1. Il est très sportif, il aime courir, sauter et aussi nager.

_____

2. Alexandre est sportif aussi ; il aime boxer, plonger et tirer à l'arc.

_____

3. Delphine n'aime pas le sport ; elle aime chanter, lire et surtout peindre, mais par-dessus tout, elle aime

se promener.

_____

4 Complétez ce texte à l'aide des prépositions qui conviennent.

Avant _____ partir, je suis content _____ vous dire combien j'ai apprécié notre rencontre. _____ vouloir faire des compléments excessifs, je dois dire que j'ai été enthousiasmé par vos travaux. _____ avoir vu vos équipes au travail je suis sûr que les résultats seront bientôt là _____ faire honneur à cette collaboration.

5 Donnez la recette d'un plat que vous aimez cuisiner en utilisant des verbes à l'infinitif.

_____

_____

_____

======== EMPLOIS : l'infinitif est employé après certains verbes.

- Des verbes de **mouvement** : *aller, venir, descendre, monter, courir, partir, sortir*, etc.

    *Il est sorti **acheter** du pain.*
    *Elle est venue **rapporter** les livres qu'on lui avait prêtés.*

- Les verbes **modaux** : *falloir, devoir, pouvoir, savoir, vouloir, oser, paraître, sembler, faire, laisser*, etc.

    *Je n'ai pas voulu y **aller**. – Elle n'a pas su **répondre**.*
    *Il a failli **mourir**. – Laissez-moi **passer** !*
    *J'ai fait **attendre** les clients. – Elle a laissé **tomber** ses clefs.*

- Des verbes qui expriment la **croyance**, la **supposition** : *croire, estimer, penser, dire, supposer, déclarer*, etc.

    *Ils pensent **avoir fini** avant midi. – Elle suppose pouvoir **venir** en été.*
    *Elle estime **avoir** raison.*

- Les verbes qui expriment le **désir**, l'**intention** : *espérer, souhaiter, désirer, aimer, adorer, préférer, détester, aimer mieux, il vaut mieux*, etc.

    *Nous espérons **recevoir** bientôt de vos nouvelles.*
    *Il vaut mieux **réserver** avant d'y aller.*
    *Je préfère **rester** ici.*

- Les verbes qui expriment la **perception** : *voir, regarder, apercevoir, entendre, écouter, sentir*, etc.

    *Je l'ai entendu **rire**. – J'ai vu les enfants **traverser**.*
    *On a senti quelqu'un **bouger**.*
    *On a entendu quelqu'un **crier**.*

======== CONTRAINTES D'UTILISATION

- L'infinitif **remplace obligatoirement le subjonctif** après les conjonctions : *que, pour que, afin que, avant que, sans que, de peur que, de crainte que, en attendant que*, quand le sujet du premier verbe et celui du verbe au subjonctif sont les mêmes :

    Je voudrais que je sorte. → *Je voudrais **sortir**.*

- L'infinitif **peut remplacer l'indicatif** quand le sujet du premier verbe et celui de l'indicatif sont les mêmes ; le niveau de langue est alors plus soutenu :

    J'espère que je recevrai bientôt de vos nouvelles. → *J'espère **recevoir** bientôt de vos nouvelles.*

E X E R C I C E S

1 À l'aide des éléments proposés, faites des phrases en utilisant un verbe de mouvement comme dans l'exemple.

Chercher des champignons → *Ils sont allés chercher des champignons.*

1. Voir ses grands-parents _____

2. Chercher du secours _____

3. Prendre un manteau dans sa chambre _____

4. Poster le courrier _____

5. Attendre ses amis à l'aéroport _____

2 Complétez les phrases par un verbe convenant au contexte.

1. Il faut _____ le temps comme il vient.

2. J'ai dû _____ l'ouverture du magasin.

3. Elle a pu _____ ce voyage grâce à vous.

4. Je n'ai pas su _____ la réalité en face.

5. Ils n'ont pas osé _____ de risques.

3 Même exercice.

1. Il croit toujours _____ faire plus qu'il ne fait.

2. Elle estime _____ ses parents du mieux qu'elle le peut.

3. Je suppose _____ fini ce travail avant samedi.

4. Elle affirme ne pas _____ allée chez lui ce soir-là.

4 Complétez ces phrases en utilisant un verbe à l'infinitif.

1. J'espère _____

2. Elle souhaite _____

3. Nous préférons _____

4. Je déteste _____

5. Il vaut mieux _____

5 Remplacez le verbe souligné par l'infinitif.

1. J'ai vu les troupeaux qui traversaient la rivière. _____

2. J'ai aperçu les chasseurs qui poursuivaient le sanglier. _____

3. Elle a senti le sol qui s'ouvrait sous ses pieds. _____

4. Nous avons entendu la radio qui annonçait la catastrophe. _____

5. Vous avez senti que quelque chose bougeait dans le grenier ? _____

6. J'ai vu les voleurs qui s'enfuyaient par la porte de derrière. _____

LE PARTICIPE PRÉSENT

> Sur le tableau de gauche on voit un enfant **jouant** à la balle.
> Le 11 novembre **étant** férié, nos magasins seront fermés.

FORMATION ET CARACTÉRISTIQUES

■ Le participe présent est formé à partir du radical de la première personne du pluriel de l'indicatif :

nous jouons → ***jouant*** *– nous disons →* ***disant*** *– nous agissons →* ***agissant***

● Certains participes présents ont une forme irrégulière :

être → ***étant*** *– avoir →* ***ayant*** *– savoir →* ***sachant***

● Il a une **forme composée** (*ayant* ou *étant* + participe passé) qui indique une antériorité :

Les personnes ***ayant*** *déjà* ***acheté*** *leurs billets peuvent se présenter au contrôle.*
*Les marchandises n'***étant*** pas* ***arrivées****, on ne pourra pas vous les livrer.*

■ Le participe présent est surtout utilisé à **l'écrit** dans la presse, la correspondance et la langue administrative :

Cherchons vendeuse ***parlant*** *l'anglais.*
*N'***ayant*** pas* ***reçu*** *à cette date de confirmation, nous annulons notre réservation.*

EMPLOIS

■ Le participe présent peut remplacer la **relative avec « qui »** :

C'est un sportif ***qui a*** *des qualités techniques rares.*
→ C'est un sportif ***ayant*** *des qualités techniques rares.*

■ Il peut exprimer la **cause** ; il remplace dans ce cas « comme », « étant donné que » :

Comme *la pluie* ***tombait*** *très fort, nous avons dû rentrer.*
→ La pluie ***tombant*** *très fort, nous avons dû rentrer.*

Étant donné *qu'elle a vécu en Asie, elle situe souvent ses romans dans cette région.*
→ ***Ayant vécu*** *en Asie, elle situe souvent ses romans dans cette région.*

 Quand il exprime la **cause**, le **sujet** du participe présent peut être semblable ou différent de celui de l'autre phrase.

E X E R C I C E S

1 Récrivez ces phrases en utilisant le participe présent à la place des éléments soulignés.

1. C'est un tableau qui représente la Nativité.

_____

2. Comment appelle-t-on ce poisson qui a une tête de chat ?

_____

3. Sur cette photo, c'est ma fille qui dansait au bal de l'école.

_____

4. C'est un livre qui dépeint la vie des habitants de Terre-Neuve.

_____

2 Remplacez les éléments soulignés par la forme composée du participe présent.

1. Les passagers qui n'ont pas rempli de fiche de police devront se présenter au contrôle.

_____

2. Les candidats qui auront obtenu le plus de voix se présenteront au deuxième tour des élections.

_____

3. Les vêtements qui ont été achetés pendant les soldes ne pourront pas être repris.

_____

4. Les étudiants titulaires du baccalauréat pourront s'inscrire en faculté.

_____

3 Mettez les phrases suivantes au style télégraphique en utilisant le participe présent.

1. Nous cherchons un appartement qui ait une vue sur la mer.

_____

2. Nous recherchons une voiture diesel qui ait moins de 1000 km.

_____

3. Nous offrons des chiens et des chats qui possèdent un pedigree.

_____

4. Nous engageons un commercial qui sache parfaitement le japonais.

_____

4 Utilisez les éléments suivants pour exprimer la cause avec le participe présent.

1. Le 23 – jour férié / aucun magasin ouvert _____

2. Ce film – peu de succès / rapidement retiré des salles _____

3. Le brouillard – se lever / décider de dormir en route _____

LE GÉRONDIF

> **En arrivant** au croisement, vous tournerez à gauche.
> Elle fait la vaisselle **en écoutant** la radio.
> Tu trouveras son numéro de téléphone **en regardant** dans l'annuaire.

FORMATION

- Le gérondif est formé comme le participe présent mais il est précédé de « **en** » :

nous écoutons la radio	→	**en écoutant** *la radio.*
nous lisons le journal	→	**en lisant** *le journal.*

- Certains verbes sont irréguliers :

  être → **en étant** – *avoir* → **en ayant** – *savoir* → **en sachant**

EMPLOIS

- Le gérondif indique qu'une action se passe **en même temps** qu'une autre action ; les deux actions sont dites **simultanées** :

  *Elle prend son café **en écoutant** les informations.*

   Le sujet est **obligatoirement** le même pour les deux verbes :
  ***Elle** prend son café et **elle** écoute les informations en même temps.*

- Le gérondif peut exprimer simplement la **simultanéité** :

  *Fais attention **au moment où** tu traverseras le boulevard.*
  → *Fais attention **en traversant** le boulevard.*

- Le gérondif peut exprimer la **cause** :

  ***Comme** il a fait trop de sport, il s'est fait mal au dos.*
  → ***En faisant** trop de sport, il s'est fait mal au dos.*

- Le gérondif peut exprimer le **moyen** ou la manière :

  *Il s'est cassé la jambe **en skiant**.*

- Le gérondif peut exprimer la **condition** :

  *Tu pourras me contacter **si tu appelles** chez mon frère.*
  → *Tu pourras me contacter **en appelant** chez mon frère.*

- Quand il est précédé de « **tout** », il peut aussi exprimer l'opposition :

  *Elle est maigre ; **pourtant elle mange** beaucoup.*
  → *Elle reste mince **tout en mangeant** beaucoup.*

1   Récrivez ces phrases en utilisant le gérondif.

1. Il lit son journal et il fume la pipe. _____

2. Elle mange des amandes et regarde la télévision. _____

3. Il fait ses devoirs et écoute de la musique. _____

4. Il téléphone et conduit sa voiture. _____

2   Récrivez ces phrases en transformant les mots soulignés en gérondif.

1. Méfie-toi à l'atterrissage, la manœuvre est délicate.

_____

2. À la traversée de Lyon, évite le centre-ville, il y a des ralentissements.

_____

3. Roule doucement dans la descente, il y a souvent des animaux qui traversent.

_____

4. À l'amorce du virage, ralentis, il est dangereux.

_____

5. Dans l'entreprise de cette affaire sois prudent ; tu prends des risques.

_____

3   Indiquez dans les phrases suivantes si le gérondif exprime la simple simultanéité, la cause, le moyen, la condition ou l'opposition.

1. Il a failli se noyer en faisant de la planche à voile. _____

2. Elle ne se concentre pas assez en prenant ses cours. _____

3. En ne jetant pas l'argent par les fenêtres, il aurait moins de soucis. _____

4. Fais attention en lui parlant ; il est susceptible. _____

5. En travaillant trop, elle a fini par avoir une dépression. _____

6. Il est très heureux tout en ayant peu de moyens. _____

4   Reliez ces phrases comme il convient et récrivez-les en utilisant le gérondif.

1. Elle s'est cassé un bras.

2. Vous ne tousserez plus.

3. Elle s'est brûlée.

4. Je n'arriverai pas à acheter cette maison.

5. Prends le métro.

6. Elle est toujours élégante.

a. Pourtant j'économise autant que je peux.

b. Tu iras beaucoup plus vite.

c. Elle s'habille pourtant pour pas cher.

d. Elle était en train de faire la cuisine.

e. Elle a glissé sur de la neige verglacée.

f. Si vous arrêtez de fumer.

10 L'ADJECTIF VERBAL

> C'est un livre **passionnant** que j'ai lu la semaine **précédente**.
> Leurs enfants sont **charmants** mais très **différents** l'un de l'autre.

FORMATION

- L'adjectif verbal est formé à partir du verbe. Il s'accorde, comme les adjectifs, **avec le nom** qu'il qualifie :

  une histoire intéressante – un quartier bruyant

  des étoffes brillantes – des enfants charmants

- Il est en général semblable graphiquement au participe présent, mais il peut dans certains cas être différent :

Je l'ai vu la semaine **précédente**. – La semaine **précédant** les examens, il n'y aura pas de cours.

C'est un argument **convaincant**. – Ses arguments nous **convainquant**, nous avons voté le projet.

 On ne peut pas former un adjectif verbal à partir de tous les verbes.

- La liste suivante présente les adjectifs verbaux et les participes présents ayant une graphie différente :

Verbe	Participe présent	Adjectif verbal
1. adhérer	adhérant	adhérent (adj. ou nom)
converger	convergeant	convergent
différer	différant	différent
diverger	divergeant	divergent
émerger	émergeant	émergent
équivaloir	équivalant	équivalent
exceller	excellant	excellent
influer	influant	influent
négliger	négligeant	négligent
précéder	précédant	précédent
somnoler	somnolant	somnolent
2. communiquer	communiquant	communicant
convaincre	convainquant	convaincant
fatiguer	fatiguant	fatigant
intriguer	intriguant	intrigant
naviguer	naviguant	navigant
provoquer	provoquant	provocant
suffoquer	suffoquant	suffocant
vaquer	vaquant	vacant

1 **Formez des adjectifs verbaux comme dans l'exemple.**

Des enfants qui obéissent *sont des enfants obéissants.*

1. Une couleur qu'on voit bien _____

2. Des enfants qui font du bruit _____

3. Un enfant qui sourit souvent _____

4. Des femmes qui charment _____

5. Des articles qui intéressent les lecteurs _____

2 **Complétez par l'adjectif verbal ou le participe présent. Attention à la graphie (utilisez le tableau).**

Je l'avais rencontré l'année *(précéder)* _____ ; c'était un jour du mois *(précéder)* _____ les fêtes. Nous avions échangé des idées *(converger)* _____ sur bien des points, mais nous avions des opinions *(diverger)* _____ sur le néolibéralisme. Ses arguments me *(convaincre)* _____ , nous avions bu un *(exceller)* _____ champagne pour fêter notre rencontre. Après, je ne l'ai plus revu. Il est devenu, paraît-il, un homme *(influer)* _____ mais aussi *(intriguer)* _____ , hélas ! Qu'importe, je ne suis pas *(adhérer)* _____ à son parti, ni à sa politique.

3 **Transformez les phrases en utilisant un adjectif verbal (reportez-vous au tableau pour la graphie).**

1. C'était un enfant qui remuait tout le temps. *En effet, il était* _____

2. C'était une fille qui provoquait tous les garçons. *En effet, elle* _____

3. C'est un ouvrier qui néglige trop son travail. *En effet, il* _____

4. On a fait une marche qui nous a fatigués. *En effet,* _____

5. J'ai vu un spectacle qui a enthousiasmé tout le monde. *C'est vrai,* _____

6. Il a fait une chaleur qui nous suffoquait. *Ah oui,* _____

4 **Transformez ces phrases pour faire apparaître un adjectif verbal ou un participe présent.**

1. Je l'ai vu le jour qui précédait la rentrée. _____

2. Ses arguments nous ont convaincus. _____

3. Cet enfant me fatigue beaucoup. _____

4. C'est une personne qui a de l'influence. _____

5. On l'a aperçu qui émergeait de l'eau. _____

11 LA FORME PASSIVE

> La police a arrêté trois suspects.
> Trois suspects **ont été arrêtés** par la police.

CONSTRUCTION et CONTRAINTES D'UTILISATION

- La forme passive est une transformation qui permet de mettre en valeur le complément d'objet du verbe à la forme active :

Forme active : *Les étudiants organisent une fête chaque année.*
                sujet   compl. d'objet

Forme passive : *Une fête est organisée* par *les étudiants chaque année.*
                sujet   complément

 Le complément de la forme passive est introduit par la préposition « **par** ».

- « **Être** » intervient dans la transformation ; il est conjugué au temps du verbe à la forme active et il est suivi du participe passé de ce verbe ; il s'accorde toujours avec le sujet :

    *Les enfants **feront** les décorations.* → *Les décorations **seront faites** par les enfants.*

 Avec les verbes « devoir », « pouvoir », « sembler », « paraître », la transformation est faite sur l'infinitif :
*Ils devront **présenter** leur projet bientôt.* → *Leur projet devra **être présenté** bientôt.*

- Dans de nombreux cas, les phrases passives **n'ont pas de complément** ; cela est courant dans la langue des journaux, la langue juridique et administrative :

    Il a été élu en 1995. – Dix personnes ont été blessées dans l'accident.

 On n'utilise en général pas de pronom personnel après « **par** » :
Ce roman a été écrit par lui. → *Il a écrit ce roman. / C'est lui qui a écrit ce roman.*

- Seuls les verbes qui ont un complément d'objet direct peuvent être transformés :

    La tour Eiffel a été construite à la fin du XIXe siècle.
              ↳ [construire quelque chose]

 Dans le cas d'un verbe ayant un complément d'objet indirect, la forme passive est impossible ; on utilise alors la forme active avec « **on** » pour sujet :
*On a **offert** un cadeau à Mathilde pour ses vingt ans.*
           ↳ [offrir à quelqu'un]

EXERCICES

1   **Mettez ce texte à la forme passive.**

Les autonomistes corses ont placé une bombe à la mairie de Bordeaux. Immédiatement le Premier ministre a pris des mesures de sécurité. Le ministre de l'Intérieur a mobilisé plusieurs services pour faire la chasse aux terroristes. L'opinion publique attendait ces mesures depuis longtemps.

_____

_____

_____

2   **Mettez les phrases de ce texte à la forme active.**

Une solution a été trouvée par le gouvernement à la crise qui l'oppose au monde paysan. Des subventions seront versées rapidement aux éleveurs par l'Union européenne et par le gouvernement français. Des mesures seront prises par les services des douanes pour empêcher les importations illégales.

_____

_____

_____

3   **Développez ces gros titres de journaux comme dans l'exemple.**
Élection hier du Président : 250 voix contre 198 → *Le Président a été élu hier avec 250 voix contre 198.*

1. Arrêt ce matin de trois suspects en plein centre-ville. _____

2. Possibilité de mise au point d'un vaccin avant l'an 2000. _____

3. Organisation d'une conférence au sommet avant la fin de l'année. _____

4. Sampras bat Agassi : 2 sets à 1. _____

5. Abrogation de la loi en 1985. _____

6. Abolition de la peine de mort en 1981. _____

4   **Transformez à la forme passive quand c'est possible.**

1. Quatre grands fleuves arrosent la France. _____

2. L'opinion publique prend ses mesures au sérieux. _____

3. Le nouveau locataire a constaté une fuite d'eau. _____

4. Toute la ville a parlé de l'incident. _____

5. La presse locale a exagéré les détails de l'incident. _____

6. L'opinion publique croit à ces mesures. _____

7. Tout le monde aimait ce garçon. _____

▀▀▀ EMPLOIS

▪ La forme passive est utilisée pour mettre en valeur le sujet en tête de phrase :

__Deux toiles__ ont été volées au musée d'Amsterdam.

▪ Elle est utilisée dans les descriptions :

La maison a été entièrement repeinte en blanc.

▪ Elle est utilisée pour remplacer le pronom indéfini « **on** » quand on ne connaît pas l'auteur de l'action :

L'appartement a été cambriolé entre 3 heures et 15 heures.

▪ Elle est utilisée avec certains verbes ; « par » est alors remplacé par « **de** » :

● des verbes qui expriment un sentiment ou une attitude : *aimer, détester, haïr, adorer, estimer, respecter, admirer,* etc. :

Il __est apprécié de__ tout le monde.

● avec les verbes *connaître, oublier, ignorer* :

Elle __était connue de__ tout le quartier.

● avec certains verbes qui servent à **décrire** : *être orné, être décoré, être rempli, être couvert, composé,* etc. :

Le panier __était rempli de__ fruits.

▪ Il existe une **forme pronominale** ayant le sens d'une forme passive ; le sujet est en général un inanimé :

Cette langue __se lit__ et __s'écrit__ de droite à gauche.
= Cette langue __est lue__ et __écrite__ de droite à gauche.

Ce médicament doit __se prendre__ régulièrement.
= Ce médicament doit __être pris__ régulièrement.

C'est un vin qui __se boit__ très frais.
= Ce vin doit __être bu__ très frais.

▪ **Se faire, se laisser** + infinitif ont le sens d'une forme passive ; le sujet est un animé :

Je __me suis fait vacciner__ contre la grippe.
= J'ai __été vacciné__ contre la grippe.

Elle __s'est laissé insulter__ sans rien dire.
= Elle __a été insultée__ et elle n'a rien dit.

⚠ « Se laisser » + infinitif exprime que le sujet subit l'action.

LA FORME PASSIVE

E X E R C I C E S

1 **Remplacez « on » par la forme passive.**

On a cambriolé le musée de la ville. On a volé des toiles et divers objets. On constate depuis ces derniers mois une augmentation des vols. Mais on ne note pas proportionnellement une augmentation des succès de la police. On enregistre plutôt une campagne de calomnies dans une certaine presse.

_____

_____

_____

_____

2 **Mettez les phrases de ce texte à la forme passive.**

Tout le monde le connaissait et tous l'appréciaient. Il ouvrait sa maison à tout le monde. Des livres dans toutes les langues composaient sa bibliothèque. Des peintures anciennes et modernes couvraient les murs. Des objets exotiques remplissaient les coins laissés libres par les livres et les tableaux.

_____

_____

_____

_____

3 **Remplacez « on » par la forme pronominale de sens passif.**

1. On rencontre souvent cette situation. _____

2. On emploie de moins en moins cette expression. _____

3. On utilise de plus en plus la violence. _____

4. On ne publie pas beaucoup ce type de livres. _____

5. On voit souvent ce genre de phénomène. _____

6. On doit laver ce pull à l'eau froide. _____

4 **Utilisez « se faire » ou « se laisser » + infinitif à la place de la forme passive.**

1. Elle a été renversée par une voiture. _____

2. Il a été agressé dans la rue et n'a pas réagi. _____

3. Ils ont été punis par le maître. _____

4. Il a été séduit par son sourire. _____

5. Vous avez été battu et vous ne vous êtes pas défendu ? _____

6. Elle a été entraînée dans une histoire bizarre. _____

12 LA FORME PRONOMINALE

Elle **se** couche tard tous les soirs.

Nous **nous** sommes rencontrés par hasard.

Je ne **me** souviens plus de rien.

LA FORME PRONOMINALE comprend un pronom personnel de la même personne que le sujet :

Je me lève à 8 heures. – Nous nous préparons à partir.
Assieds-toi ! – Détendez-vous ! – Méfions-nous !

 Aux temps composés, on emploie « **être** » :
*Elle s'**était** endormie après s'**être** allongée sur le canapé.*

■ Il existe **plusieurs sortes** de verbes pronominaux.

● Les verbes **réfléchis** indiquent que le sujet fait l'action pour lui ; le pronom est complément direct ou indirect du verbe :

*Il **se lave** les cheveux.* [c. objet direct : laver quelque chose]
*Elle **se demande** si elle sortira ou pas.* [c. objet indirect : demander à quelqu'un]

 ● Quand le pronom est complément d'objet direct, aux temps composés, le participe passé s'accorde avec le sujet **sauf** s'il est suivi d'un nom qui est lui-même complément d'objet direct :
Elle s'est lavée. Mais : *Elle s'est lavé **les cheveux**.*

● Le participe passé ne s'accorde pas quand le pronom est complément d'objet indirect :
*Elle s'est demandé si elle partirait. – Ils se sont **dit** qu'ils avaient raison.*

● Les verbes **réciproques** indiquent qu'il y a un lien de réciprocité entre les sujets ; leur emploi est toujours **pluriel** :

*Lucile et Jonathan **s'écrivent** régulièrement.*

[Lucile écrit à Jonathan ↔ Jonathan écrit à Lucile.]

 Attention à l'accord du participe passé aux temps composés :
*Elles se sont rencontr**ées** et se sont **parlé**.*
[rencontrer quelqu'un mais parler **à** quelqu'un]

● Il existe des verbes qui sont **seulement pronominaux**, une soixantaine : *s'en aller, se souvenir, se moquer, s'évanouir, se méfier, s'enfuir,* etc.

 Aux temps composés, le participe passé s'accorde avec le sujet :
*Elle s'est méfi**ée** de nous. Ils se sont enfui**s**.*

1 Conjuguez le verbe « se coucher tard tous les soirs ».

1. – Tu _____ ? – Non, au contraire je _____ de bonne heure.

2. – Il _____ ? – Oui, je crois qu' _____

3. – Elles _____ ? – Non, _____

2 Récrivez ce texte au passé et faites les accords si nécessaire.

Elle s'assoit au volant de sa vieille voiture. Elle se regarde un instant dans le rétroviseur, histoire de remettre une mèche de cheveux en place. Elle s'allume une cigarette avant de mettre sa ceinture. Elle se met à penser, à réfléchir et soudain sans raison apparente elle se met à pleurer à grosses larmes, sans bruit. Son regard se fixe sur un point inexistant et cependant lointain.

_____

_____

_____

_____

3 Récrivez ce texte au passé et faites les accords si nécessaire.

Elle se lave les dents puis se brosse les cheveux avant de se mettre du rouge aux lèvres. Elle se regarde dans sa glace et se demande comment effacer ces petites rides aux coins de sa bouche et de ses yeux.

_____

_____

4 Soulignez dans ce texte les verbes qui ne sont pas réciproques. Puis récrivez ce texte au passé et faites les accords si nécessaire.

Ils se voient régulièrement depuis plusieurs mois. Quand elle s'absente, ils s'écrivent régulièrement, se téléphonent tous les soirs. Parfois même, ils s'appellent la nuit. Quand elle revient ils se rencontrent au café de la Gare, où il s'attendent et de peur d'être en retard ils se dépêchent tous les deux.

_____

_____

_____

5 Complétez avec le verbe au passé composé.

1. Ils *(s'en aller)* _____ avant le dernier métro.

2. Elle *(se souvenir)* _____ qu'elle avait oublié son parapluie au cinéma.

3. Elle *(se moquer)* _____ de sa coupe de cheveux.

4. Elles *(se méfier)* _____ de ce client, il avait un drôle d'air.

5. Elles *(s'enfuir)* _____ en laissant tout derrière elles.

LA FORME IMPERSONNELLE

> **Il neige** toujours en janvier.
>
> **Il paraît** qu'elle a eu des jumeaux.

LA FORME IMPERSONNELLE concerne des verbes utilisés avec le pronom sujet neutre « il » :

*Depuis hier, **il fait** froid. – **Il est** possible qu'elle aille en Chine.*

■ Il existe des verbes **uniquement impersonnels**.

• Ils peuvent exprimer des **phénomènes de la nature** :
   Il pleut, il neige. – Il fait beau, il fait nuit, etc.
• « **Il faut** » + infinitif, « **il faut que** » :
   Il faut y aller tout de suite. – Il faut que je lise ce livre.
   Il faut beaucoup d'argent pour réaliser ce projet.
• « **Il y a** » :
   Il y a quelqu'un dans le jardin.
• « **Il s'agit de** » :
   Dans ce roman, il s'agit de… [= ce roman concerne…]
   Pour ce genre de travail, il s'agit d'être patient. [= il faut être patient.]

■ Certains verbes ne **sont pas toujours uniquement impersonnels**.

• **Arriver :** *qu'est-il arrivé ?* (J'arrive dans une minute.)
• **Être :** *Il était une fois…* indique le début d'un conte. (Jane est américaine.)
• **Plaire :** *S'il vous plaît.* (Cette robe me plaît.)
• « **Être** » + adjectif + de/que pour marquer un jugement : *il est bon ; il est juste ; il est possible* ; etc.
• « **Paraître** », « **sembler** » + que (elle semble jeune/elle paraît triste) :
   Il semble qu'il ait plu cette nuit. – Il paraît qu'il s'est marié.
• « **Il vaut mieux** » + infinitif, « **il suffit que/de** » (ce livre vaut cher) (cette somme ne suffira pas) :
   Il vaut mieux rappeler. – Il suffit de téléphoner pour avoir les informations.

■ Les tours impersonnels sont utilisés à la forme passive quand on ne veut pas préciser le sujet de l'action :

Il est interdit de fumer dans ce taxi.
Il est défendu de marcher sur les pelouses.
Il est permis de stationner pendant deux heures.
Il a été décidé de fermer ce musée.

1 Dans cet article sur la météo, soulignez tous les verbes impersonnels employés pour décrire des phénomènes météorologiques et continuez l'article en vous servant de la carte.

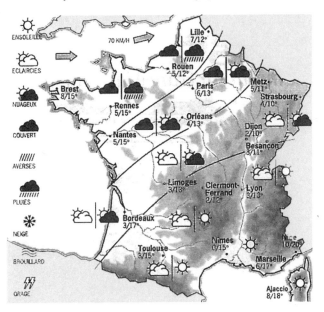

a. Bretagne, Pays de Loire, Normandie :

Il pleuvra sur toute la Bretagne en matinée puis la pluie descendra vers la Basse-Normandie.

Il y aura beaucoup de vent sur les côtes.

Il y aura un ciel bleu dans l'après-midi sur toute la Bretagne.

Il y aura des nuages sur les Pays de Loire mais il ne pleuvra pas dans cette région.

b. Poitou-Charentes, Centre-Limousin

_____

_____

c. Méditerranée et Corse

_____

_____

2 Complétez les phrases à votre choix.

1. Il faut _____

2. Il vaut mieux _____

3. Il est juste que _____

4. Il s'agit de _____

5. Il est arrivé _____

6. Il semble que _____

3 Transformez ces phrases avec une tournure impersonnelle à la forme passive comme dans l'exemple.

On a dit que le magasin serait fermé le lundi. → *Il a été dit que le magasin serait fermé le lundi.*

1. Ils ont répondu que l'affaire n'aurait pas de suite. _____

2. Ils ont décidé que la grève serait générale. _____

3. Il nous a permis de nous absenter. _____

4. On a défendu de fumer ici ? _____

5. Les autorités ont interdit que l'on pêche dans les eaux territoriales. _____

B I L A N   N° 4

1 Utilisez l'infinitif quand c'est possible.

1. J'espère qu'il pourra arriver avant 17 heures. _____

2. Nous pensons que nous accepterons leur offre. _____

3. Il croit toujours qu'il a raison. _____

4. Elle a l'impression qu'ils se sont trompés. _____

5. Il espère qu'il pourra régler le problème. _____

2 Utilisez l'infinitif passé.

1. Après *(voir)* _____ le film, j'aimerais lire le roman.

2. Il a quitté le pays sans nous *(dire)* _____ au revoir.

3. Ils se sont séparés après *(s'expliquer)* _____

4. J'ai peur de *(oublier)* _____ mes clés au bureau.

5. Elle ne se souvient plus *(venir)* _____ déjà dans cette région.

3 Participe présent, gérondif ou adjectif verbal ?

1. Dans mon quartier, les vendeuses ne sont pas *(sourire)* _____.

2. *(Dormir)* _____ 3 heures par nuit tu finiras par tomber malade.

3. Les élèves *(arriver)* _____ plusieurs fois par mois en retard devront venir à l'école le samedi.

4. C'est un employé *(négliger)* _____ ; il oublie toujours de faire quelque chose.

5. La journée *(précéder)* _____ Noël est une journée de grande excitation.

6. Elle l'a fait, *(savoir)* _____ très bien qu'elle ne devait pas le faire.

4 Donnez le participe présent, puis l'adjectif verbal correspondant aux verbes ci-dessous. Faites ensuite une phrase avec chacun de ces éléments.

pouvoir – savoir – fatiguer – communiquer – exceller

1. _____

2. _____

3. _____

4. _____

5 **Récrivez ce texte en le mettant à la forme active.**

Le musée a été cambriolé. Des toiles ainsi que divers objets ont été volés. Depuis ces derniers mois une augmentation des vols a été constatée. Mais parallèlement une augmentation des succès de la police et une amélioration de son image n'ont pas été remarqués. Une campagne de calomnies a même été constatée dans une certaine presse.

_____

_____

_____

6 **Mettez ces verbes pronominaux au temps qui convient et faites les accords nécessaires.**

Hier, quand elle (s'arrêter) _____ devant le théâtre, elle (s'apercevoir) _____ qu'elle avait oublié les billets. Elle (se diriger) _____ vers le guichet et elle (se renseigner) _____ sur les places disponibles. Elle a aperçu ses amis dans le hall et elle (s'approcher) _____ d'eux. Elle leur a tout expliqué ; ils (se parler) _____ pour prendre une décision... Soudain en mettant les mains dans ses poches, elle (se rendre compte) _____ que les billets étaient dans l'une d'elles...

7 **Faites correspondre les éléments de la colonne de gauche à ceux de la colonne de droite et mettez l'ensemble dans un contexte.**

1. Il est arrivé
2. Il ne reste
3. Il se passe
4. Il s'est produit
5. Il manque
6. Il vaut mieux

A. partir tout de suite.
B. deux chaises.
C. un drame chez les voisins.
D. qu'une demi-baguette.
E. toujours des incidents le jour de cette manifestation.
F. un accident sur l'autoroute de l'Ouest.

Exemple : 6. A. Il vaut mieux partir tout de suite, nous sommes en retard.

8 **Complétez ces phrases à votre choix.**

1. Il est impensable que _____
2. Il est clair que _____
3. Il est important _____
4. Il est normal que _____
5. Il est juste que _____
6. Il a été décidé que _____
7. Il a été convenu que _____

LE DISCOURS INDIRECT

> Jacques a téléphoné. Il a **demandé si** nous **étions** libres dimanche **prochain**. Il **voulait savoir** si nous **emmènerions** les enfants.

L'INTERROGATION INDIRECTE

■ Il y a interrogation indirecte avec les verbes qui posent implicitement une question : *ignorer, demander, chercher, ne pas savoir,* etc., et après les verbes exprimant les différentes manières de « dire » comme *répondre, ajouter, affirmer, expliquer, annoncer,* etc.

> On me **demande** quand tu pars. – Il **affirme** que c'est vrai.

- La construction est simple si l'on part de l'**interrogation directe** :
  > – *Quand pars-tu ? – Elle demande quand tu pars.*
  > – *Où allez-vous ? – Il veut savoir où vous allez.*
  > – *Combien est-ce que ça coûte ? – Il demande combien ça coûte.*
  > – *Qu'est-ce que tu fais ? – Elle lui demande ce qu'elle fait.*
  > – *Qu'est-ce qui s'est passé ? – Ils veulent savoir ce qui s'est passé.*
  > – *Quelle veste tu porteras ? – Il veut savoir quelle veste tu porteras.*

- Si l'interrogation concerne toute la phrase, on utilise « si » :
  > – *Est-ce que **tu seras prêt à 6 heures** ? – Il demande **si** tu seras prêt à 6 heures.*
  > – *Est-ce que **ça vient d'Amérique** ? – Elle veut savoir **si** ça vient d'Amérique.*

LE DISCOURS INDIRECT

■ Il se caractérise par l'emploi d'une phrase introductrice comme *il dit que, elle dit de* :
> **Il dit qu'**il reviendra dans l'heure. – **Elle dit de** l'appeler plus tard.

■ Il transforme l'impératif du discours direct en une phrase infinitive.
> **Parlez** moins fort. → Il a dit de **parler** moins fort.

■ Il entraîne des changements de pronoms personnels ou possessifs, et d'adjectifs possessifs :
> – **Vous** viendrez avec **vos** amis ? – Il veut savoir si **nous** viendrons avec **nos** amis.

■ Les formules introductrices peuvent entraîner des transformations au niveau des modes :
> Je **promets que** je le **ferai**. – Je **promets de** le **faire**.
> Il **ordonne de** le **faire**. – Il **ordonne que** tu le **fasses**.

1 Transformez ces interrogations en interrogations indirectes en essayant de varier les verbes introducteurs comme dans l'exemple.

Quel cadeau allez-vous lui offrir ? → Elle veut savoir quel cadeau on va lui offrir.

1. – Quand est-ce que vous irez à Pau ? – _____
2. – Pourquoi vous vous disputez ? – _____
3. – Comment iras-tu à l'aéroport ? – _____
4. – Qu'est-ce qui la rend triste ? – _____
5. – Qu'est-ce qu'on fait ce soir ? – _____
6. – Où est-ce qu'il est parti ? – _____
7. – Avec qui partez-vous en vacances ? – _____
8. – Est-ce que tu as compris ? – _____
9. – Laquelle préfères-tu ? – _____
10. – Quel cadeau lui ferait plaisir ? – _____
11. – Êtes-vous prêts ? – _____

2 Transformez les impératifs au discours indirect en utilisant le mode qui convient.

1. Répondez avant jeudi ! Il demande _____. – Il demande que _____.
2. Parle plus fort ! Il lui dit _____. – Il veut que _____.
3. Partez avant midi ! Elle suggère _____. – Elle suggère que _____.
4. Allons-y ensemble ! Il propose _____. – Il propose que _____.
5. Arrêtez de crier ! Elle dit _____. – Elle demande que _____.
6. Rangez vos affaires ! Elle nous demande _____. – Elle veut que _____.
7. Dépêchez-vous ! Il dit _____. – Il veut que _____.

3 Transformez ces phrases au discours indirect en faisant les changements de pronoms et d'adjectifs qui conviennent.

1. – Est-ce que tu peux me prêter ton livre ? – Elle demande _____
2. – Quand est-ce que vous viendrez me voir ? – Il veut savoir _____
3. – J'ai laissé mes clés dans ta voiture ? – Il me dit _____
4. – Où est-ce que j'ai pu oublier mes lunettes ? – Elle se demande _____
5. – J'ai rencontré ta sœur devant chez moi ? – Il dit _____
6. – Est-ce que vous pourrez m'accompagner ? – Elle ne sait pas _____
7. – Pourrais-tu me prêter le tien ? – Elle demande _____
8. – Où avez-vous rangé ma veste ? – Il veut savoir _____

████████ ## LA CONCORDANCE DES TEMPS dans le discours indirect

▨ Quand le verbe qui introduit le discours indirect est au **présent** ou au **futur**, il n'y a pas changement de temps dans le passage du discours direct au discours indirect :

– *Je n'**ai** pas **pris** le journal qui était sur la table.*
– *Il **affirme** qu'il n'**a** pas **pris** le journal qui était sur la table.*
– *Si tu lui demandes, il te **dira** qu'il n'**a** pas **pris** le journal qui était sur la table.*

▨ Quand le verbe qui introduit le discours indirect est à un **temps du passé**, le changement de temps dans le passage du discours direct au discours indirect se fait selon les règles de la concordance des temps :

Présent	→	Imparfait (simultanéité)
Passé composé	→	Plus-que-parfait (antériorité)
Futur proche	→	Aller à l'imparfait + infinitif (postériorité)
Passé récent	→	Venir à l'imparfait + infinitif (antériorité)
Futur	→	Conditionnel (postériorité)
Imparfait	→	Imparfait (simultanéité)
Plus-que-parfait	→	Plus-que-parfait (simultanéité)
Conditionnel	→	Conditionnel (simultanéité)

– *Je **reçois** beaucoup de visites.* →

– *J'**ai reçu** beaucoup de visites.*

– *Je **vais recevoir** beaucoup de visites.*

– *Je **viens de recevoir** beaucoup de visites.*

– *Je **recevrai** beaucoup de visites.*

– *Je **recevais** beaucoup de visites.*

– *Je **n'avais pas reçu** beaucoup de visites.*

– *J'**aimerais recevoir** beaucoup de visites.*

Il a dit
Il disait
Il dit
Il avait dit

*qu'il **recevait** beaucoup de visites*

*qu'il **avait reçu** beaucoup de visites.*

*qu'il **allait recevoir** beaucoup de visites.*

*qu'il **venait de recevoir** beaucoup de visites.*

*qu'il **recevrait** beaucoup de visites.*

*qu'il **recevait** beaucoup de visites.*

*qu'il **n'avait pas reçu** beaucoup de visites.*

*qu'il **aimerait recevoir** beaucoup de visites.*

1 Rapportez les déclarations suivantes en écrivant un article dans un journal; variez les verbes introducteurs.

Au tribunal l'accusé affirme : «Je n'ai pas tué le caissier et je n'ai pas emporté les lingots d'or; je n'ai pas volé la voiture du directeur pour une simple raison : j'étais venu encaisser un chèque et je suis rentré en métro...»

Le journal *Ouest-France* rend compte du procès :

L'accusé affirme _____

_____

_____

_____

2 Rapportez à un ami le contenu de cette lettre que vous venez de recevoir en faisant toutes les transformations nécessaires et en variant les verbes introducteurs.

Chère Isabelle,

Je t'écris de Cuzco où je suis enfin arrivé après un voyage épuisant. Nous avons dû faire une escale technique à Asunción, ce qui m'a permis de voir les chutes du Paraná. C'était grandiose ! Comme il n'y avait pas de quoi réparer le réacteur nous avons attendu dans un hall non climatisé, sans rien à boire ni à manger. L'horreur pendant 6 heures ! Enfin nous avons pu repartir avant d'être morts de faim et de soif. À l'arrivée j'aurais voulu aller me coucher sans attendre mais comme le Consul était venu nous chercher je n'ai pas pu refuser son invitation à dîner. Tu vas être surprise d'apprendre que pendant cette soirée j'ai revu notre ami Jean-Christian... Je te raconterai tout ça dans ma prochaine lettre.

Pierre

J'ai reçu il y a un mois une lettre de Pierre dans laquelle il me disait qu'il _____

_____

_____

_____

3 Imaginez la suite de la lettre de l'exercice 2, puis rapportez-en le contenu à un ami comme dans l'exercice précédent.

_____

_____

_____

_____

LES EXPRESSIONS DE TEMPS

 Elles subissent un changement dans le passage du discours direct au discours indirect quand le verbe qui introduit le discours indirect est au passé :

L'année dernière quand il était passé par Paris, il m'avait téléphoné et m'avait dit :
*« Je pars pour Londres **demain** mais je serai de retour **dans huit jours**. »*
*→ Il m'avait dit qu'il partait pour Londres **le lendemain** mais qu'il serait de retour* **huit jours plus tard**.

aujourd'hui	–	ce jour-là
ce matin/ce soir	–	ce matin-là/ce soir-là
en ce moment	–	à ce moment-là
cette année	–	cette année-là
hier	–	la veille
avant-hier	–	l'avant-veille
demain	–	le lendemain
après-demain	–	le surlendemain
le mois prochain	–	le mois suivant/d'après
l'année dernière	–	l'année précédente/d'avant
il y a deux semaines	–	deux semaines plus tôt
dans huit jours	–	huit jours plus tard

 Les expressions de temps ne subissent pas de changement dans le passage du discours direct au discours indirect s'il y a un **rapport avec le présent** :

– *Je passerai te chercher **demain** vers 11 heures.*

– *Il m'a téléphoné **ce matin** pour me dire qu'il passerait me chercher **demain** à 11 heures.*

Mais : – *Il m'a téléphoné **il y a un mois** pour me dire qu'il passerait me chercher le **lendemain** à 11 heures.*

⚠ Le changement des expressions de temps est remarquable dans tout récit.
***Ce matin-là**, comme d'habitude, il s'était levé tôt.*

LE DISCOURS INDIRECT LIBRE

– *Tu viens avec nous ? – Non je suis attendu et je ne peux absolument pas me permettre d'être en retard.*

Il ne pouvait les accompagner car il était attendu et il ne pouvait absolument pas se permettre d'être en retard.

L'auteur parle ici à la place de son personnage. C'est le cas du roman balzacien.

⚠ La différence avec le discours indirect est qu'il n'y a pas de verbe introducteur. Le discours indirect serait :
Il (Elle) lui demanda s'il venait avec eux. Il (Elle) lui répondit qu'il ne pouvait pas parce qu'il était attendu et qu'il ne pouvait absolument pas se permettre d'être en retard.

Complétez ce texte par les expressions de temps qui conviennent.

Souvenir de la victoire de Marie-José Pérec aux 400 mètres aux jeux Olympiques d'Atlanta.

La course devait avoir lieu en fin d'après-midi sur le grand stade d'Atlanta. Ce matin-là Marie-Jo s'était réveillée de bonne heure car _____ elle s'était couchée tôt, comme elle l'avait fait tous les _____. Vers 5 heures elle s'était présentée sur la piste sûre d'elle-même, confiante dans ses possibilités. Après la course, _____ elle avait téléphoné à sa grand-mère restée aux Antilles, pour lui faire partager sa joie. _____ elle s'était réveillée en se demandant ce qui lui était arrivé _____. Puis tout au long de cette _____, elle avait eu l'impression de marcher sur un nuage. Que cette médaille d'or était belle !

 Complétez ce récit en utilisant le contenu de la lettre ; faites les transformations qui conviennent.

Ce jour-là, il était arrivé tard dans la soirée. Il était monté directement dans sa chambre où il avait trouvé une lettre de la Marquise de D. Il l'avait ouverte aussitôt…

> Cher ami,
>
> Venez demain au château vers cinq heures. Je vous y attendrai. J'ai aperçu hier notre ami Charles de… qui m'a fait part de son inquiétude de devoir quitter le pays le mois prochain. Je vous raconterai tout dans les détails… J'ai promis à Charles de lui donner le résultat de notre entretien dès après-demain. Soyez au rendez-vous, je vous en prie.
>
> Votre fidèle amie,

Il l'avait ouverte aussitôt. La marquise lui _____
_____
_____
_____

3 **Rapportez cette communication téléphonique à un ami en faisant attention au lien avec le présent :**

Allô Frédéric – J'arriverai demain matin à Charles-de-Gaulle – Je passerai la matinée à la Bibliothèque nationale – En fin de matinée, je déjeunerai avec le professeur Godant – En début d'après-midi, j'irai voir mon éditeur – En fin d'après midi, j'aurai encore quelques rendez-vous mais nous pourrions nous voir après cela vers 19 h 30 – Après, en fin de soirée, je reprendrai mon avion pour Madrid.

Pierre m'a téléphoné ce matin pour _____
_____
_____

L'ADVERBE

> Il roule **vite**. – Elle a **beaucoup** voyagé.
> Ils m'ont **récemment** écrit. – Ça sent **bon**.
> **Heureusement**, il n'y a pas eu de morts dans l'accident !

CARACTÉRISTIQUES

■ Les adverbes sont des mots invariables qui modifient le sens :

- d'un verbe : *il court **vite**,*
- d'un adjectif : *ils sont **très** gentils,*
- d'un autre adverbe : *elle a **assez** bien réussi,*
- d'une phrase : *je suis allé chez eux ; **dommage**, ils étaient sortis !*

■ Il existe plusieurs sortes d'adverbes ; ils peuvent exprimer :

- la **quantité** : *beaucoup, trop, assez, peu, davantage, plus, moins, autant,* etc.
  *Elle est **trop** nerveuse en ce moment.*
- l'**intensité** : *très, tellement, si, tant,* etc.
  *Il faisait **très** chaud, **si** chaud qu'on ne pouvait plus bouger !*
- la **comparaison** : *plus, moins, aussi, autant,* etc.
  *Elle a **plus** de 60 ans mais elle a l'air **plus** jeune.*
- le **temps** : *alors, après, avant, aujourd'hui, hier, demain, bientôt, aussitôt, déjà, depuis, maintenant, autrefois,* etc.
  *On sera **bientôt** en vacances.*
  *J'ai **déjà** lu ce livre.*
- le **lieu** : *ici, là, ailleurs, loin, près, dedans, dehors, arrière, avant, çà et là, nulle part, autre part, dessus, dessous, devant, derrière,* etc.
  *On se réunit toujours **ici** ; la prochaine fois, on pourrait se réunir **ailleurs**.*
- l'**interrogation** : *quand, où, pourquoi, comment, combien,* etc.
  *– **Combien** valent les pommes ? – 1,50 € le kilo.*
- la **négation** : *non, ne, ni, pas du tout,* etc.
  *Je **ne** parle **pas** espagnol.*
- l'**affirmation** : *oui, si*
  *– Il n'a pas plu cette nuit ? – **Si**, regarde, tout est mouillé.*
- l'**exclamation** : *quel(le) quels, quelles, comme,* etc.
  ***Comme** elle est belle !*
- la **manière** : *bien, mal, mieux, pire, ainsi, ensemble, soudain, vite, exprès, par hasard,* etc.
  *Ils sont partis **ensemble** au théâtre.*

1 Complétez à l'aide d'adverbes de quantité.

– Voilà vos fruits.

– J'en ai beaucoup _____ . Enlevez-m'en un _____ .

– En avez-vous _____ comme ça ?

– Oui, ça va. Par contre mettez-moi _____ de haricots verts.

2 Complétez à l'aide d'adverbes d'intensité.

– Il faisait _____ froid et nous avions _____ marché dans la neige que nous étions morts de fatigue. Nous étions _____ fatigués, _____ fatigués que nous voulions nous arrêter, mais alors nous serions morts de froid.

3 Dites le contraire.

1. Elle est plus grande que lui. _____

2. Elle est moins gentille que lui. _____

3. Elle est aussi intelligente que lui. _____

4. Il y a plus d'hommes que de femmes dans ce parti. _____

5. J'ai eu autant de chance que toi. _____

6. Elle est de plus en plus jeune. _____

4 Écrivez un petit texte en utilisant quelques adverbes de temps choisis dans la liste suivante.

hier – alors – depuis 2 heures les pompiers – aujourd'hui – avant – déjà – demain – après – autrefois – aussitôt après – aussitôt – maintenant – ensuite – bientôt – enfin

5 Complétez ce dialogue avec les adverbes de lieu qui conviennent.

– Il est d'ici ? – Non, il est _____ .

– Il habite loin d'ici ? – Non, son logement est _____ d'ici.

– Il a travaillé quelque part ? – Non, _____ .

– Il a voyagé ? – Non, il est toujours resté _____ .

6 Complétez avec des adverbes de manière.

– Comment vous êtes-vous rencontrés ? – _____

– Comment va-t-elle ? – _____

– Comment a-t-il cassé le vase ? – _____

– Vous avez fait ça à deux ou trois ? – Non, on l'a fait tous _____

– Est-ce qu'il a eu raison de partir ? – Oui, il a _____ fait de partir.

– Tout va de plus en plus mal. – Oui, c'est _____ qu'avant.

LES ADVERBES DE MODALITÉ

■ Ils servent à indiquer l'attitude de celui qui parle par rapport à ce qu'il dit. Ils peuvent exprimer :

● le **jugement** : *peut-être, évidemment, naturellement, certes, dommage, malheureusement, bien sûr, hélas,* etc.

> *On avait rendez-vous à midi :* ***évidemment*** *elle était en retard !*

● l'**affirmation** : *oui, si, certes, en effet, sans doute,* etc.

> *– Tu as revu Myriam. –* ***En effet*** *on a dîné ensemble hier.*

● la **négation** : *aucunement, nullement,* etc.

> *Je n'ai* ***aucunement*** *promis de l'emmener au cinéma.*

● l'**exclamation** : *comme, que, bravo, chapeau,* etc.

> ***Comme*** *tu es belle !*
> ***Que*** *tu as grandi, mon enfant !*
> *Alors là, je dis* ***chapeau*** *!*

● l'**ordre des événements** : *d'abord, ensuite, puis, enfin, finalement,* etc.

> *Nous visiterons* ***d'abord*** *le Musée d'Orsay,* ***puis*** *nous irons nous promener sur les quais de la Seine et* ***enfin*** *nous ferons la visite guidée de Notre-Dame.*

 « **D'abord** », « **par ailleurs** », « **de plus** », « **en outre** », « **enfin** » sont des adverbes utilisés à l'écrit pour indiquer l'organisation et la hiérarchisation des idées :
L'image de la femme est présentée de façon négative dans la publicité. ***D'abord*** *elle est présentée comme un objet de consommation.* ***De plus*** *sa nudité est exploitée.* ***Par ailleurs****, on lui impose une image à laquelle elle doit ressembler,* etc.

● la **précision** : *même, notamment, plutôt, surtout, seulement,* etc.

> *On annonce des grèves pour la semaine prochaine,* ***notamment*** *dans les transports.*
> *Ils sont agaçants, je dirais* ***même*** *insupportables.*

● la **restriction** : *au moins, du moins,* etc.

> *Ils se sont mariés sans inviter leurs amis ; ils auraient pu* ***au moins*** *envoyer un faire-part de mariage !*
> *Il va être nommé directeur du service ;* ***du moins*** *c'est ce qu'on dit.*

1 Vous êtes l'ami(e) de Pierre. Portez votre propre jugement sur ces propos à l'aide des adverbes qui conviennent.

– Tu as revu Pierre ?

– Oui. Il voulait que nous sortions. On est allés au cinéma. Il a choisi un film policier. Le film était bon, les acteurs ne l'étaient pas trop.

– Tu aurais préféré une comédie musicale ?

2 Renforcez les affirmations et les négations à l'aide des adverbes qui conviennent.

1. Un État, comme un ménage, ne peut dépenser plus d'argent qu'il n'en gagne.

2. On peut présenter les choses comme ça. Mais il ne faut pas oublier qu'à notre époque, c'est une règle difficile à appliquer.

3. Je n'ai pas envie d'entrer dans une telle discussion.

3 Vous êtes allé(e) à une exposition de peinture. Rapportez les exclamations admiratives ou non que vous avez entendues devant certains tableaux.

1. _____

2. _____

3. _____

4. _____

4 Vous proposez un circuit dans une ville ou une région de votre choix. Énumérez vos propositions.

1. _____

2. _____

3. _____

4. _____

5 Vous êtes au Salon de l'automobile, vous vantez les qualités du dernier modèle de la marque X. Développez vos arguments.

1. D'abord _____

2. Par ailleurs _____

3. De plus _____

4. En outre _____

5. Enfin _____

6 Employez « au moins » et « du moins » dans un contexte de votre choix.

_____

_____

LES ADVERBES EN « -MENT » expriment la manière et sont formés de plusieurs façons.

- Adjectif au féminin + « -ment » quand celui-ci est terminé par une consonne ou par « e » :

lent → lente → lentement   rapide → rapidement
doux → douce → doucement   difficile → difficilement
vif → vive → vivement   incroyable → incroyablement
cruel → cruelle → cruellement   facile → facilement

> *Elle a appris **difficilement** à conduire.*

- Adjectif au masculin + « -ment » quand celui-ci est terminé par « i », « u », « ai » et « é » :

poli → poliment   absolu → absolument
vrai → vraiment   exagéré → exagérément

> *Vous avez **absolument** raison.*

- Les adjectifs en « -ent » ou « ant » se transforment en « -emment » ou « -amment » :

violent → violemment   patient → patiemment
constant → constamment   élégant → élégamment

> *Elle nous a **patiemment** attendus.*

« -emment » et « -amment » se prononcent de la même façon : [amâ].

ADVERBES PARTICULIERS

◼ Ils peuvent appartenir à plusieurs catégories sémantiques :

> *Il travaille **bien**.* [manière] – *Il fait **bien** des erreurs.* [quantité = beaucoup]
> *Il est **bien** aimable .* [intensité = très] – *Ah, c'est **bien** lui.* [jugement = tout à fait]

◼ L'adverbe « **tout** » (= entièrement) peut être invariable ou variable.

- Il est invariable devant un adverbe, une préposition ou dans certaines expressions :

> *Il habite **tout** à côté de chez moi.*
> *On a passé la soirée **tout** tranquillement devant la télé.*
> ***Tout à coup**, elle s'est mise à pleurer.*
> *– On se voit **tout à l'heure** ? – **Tout à fait** d'accord !*

- Il est invariable devant un adjectif au masculin :

> *Le salon est **tout** propre mais les meubles sont **tout** sales.*

- Il s'accorde avec l'adjectif au féminin qui commence par une consonne ou un « h » aspiré :

> *La cuisine est **toute** sale mais les chambres sont **toutes** propres.*
> *Elle a paru **toute** honteuse.*

- Il peut rester invariable ou s'accorder quand l'adjectif féminin commence par une voyelle ou un « h » muet :

> *Elle a semblé **tout** étonnée. – Elle est **tout** heureuse.*

1 À partir des adjectifs suivants, trouvez l'adverbe correspondant que vous utiliserez dans une phrase de votre choix.

1. simple : _____

2. tranquille : _____

3. soudain : _____

4. total : _____

5. heureux : _____

6. naturel : _____

7. absolu : _____

8. fréquent : _____

9. prudent : _____

10. constant : _____

2 Complétez avec les adverbes qui conviennent.

– Est-ce qu'elle fait bien la cuisine ?

– Oui, _____ .

– Qu'est-ce qu'elle prépare de _____ ?

– Je ne sais pas mais ça sent _____ .

– Sans doute _____ épicé comme d'habitude.

3 Même exercice.

– Qu'est-ce que vous faites ce soir ?

– On passe la soirée _____ devant la télévision, avec les Dupont, à regarder le match.

– Je ne les connais pas.

– Mais si, ils habitent _____ à côté de chez nous.

– Si tu veux, on se voit _____ .

– _____ d'accord.

4 Même exercice.

– Comment va ta mère ?

– Elle va _____ .

– Elle travaille _____ , _____ à mon avis.

– As-tu rencontré Martine Moreau ?

– Oui, et je l'ai trouvée _____ . Maintenant elle vit _____ seule.

– Elle viendra _____ en vacances près de chez nous à l'île de Ré.

– Sans doute, elle a _____ aimé les îles.

LA PLACE DE L'ADVERBE

- Il se place **devant** un adjectif ou un adverbe :

    *Ils sont **très** sympathiques. – Je vais **plutôt** bien en ce moment.*
    *– Elle est **excessivement** gentille. – C'est **tout à fait** vrai.*

- Il se place après un verbe conjugué à un temps simple :

    *Elle travaille **beaucoup**. – Parle **doucement** !*
    *Je regarde **souvent** la télévision.*

- Il se place entre l'auxiliaire et le participe passé avec un verbe à un temps composé :

    *Elle a **toujours** affirmé que c'était vrai.*
    *Sa lettre est **déjà** arrivée.*
    *Elle aurait **au moins** pu nous prévenir.*

     Quand l'adverbe est « long » (plusieurs syllabes), il peut être placé après le participe passé :
    *Elle a **violemment** réagi. → Elle a réagi **violemment**.*

- L'adverbe de **lieu** est toujours placé après l'auxiliaire :

    *Je l'ai cherché **partout** et je ne l'ai trouvé **nulle part**.*

- Sa place varie quand il modifie l'ensemble d'une phrase :

    ***Autrefois**, les femmes ne travaillaient pas.*
    *Les femmes ne travaillaient pas, **autrefois**.*
    *Les femmes, **autrefois**, ne travaillaient pas.*

     Les adverbes « peut-être », « aussi », « ainsi », « à peine », « sans doute » sont suivis de l'inversion du verbe et du sujet quand ils sont placés au début de la phrase :
    *Il va **peut-être** venir dans la soirée.*
    *→ **Peut-être** va-t-il venir dans la soirée.*

    Ce procédé est surtout utilisé à l'écrit :
    On annonce une grève générale des transports en commun.
    Elle sera sans doute suivie de manifestations. [oral]
    Sans doute sera-t-elle suivie de manifestations. [écrit]

Placez les adverbes suivants là où ils conviennent.
peu – très – plutôt – régulièrement – beaucoup – bien

– Comment vas-tu ?

– Je vais bien en ce moment. Je travaille, je sors, je fais du sport, je dors. Voilà mon secret.

– Et avec tes voisins comment ça marche ?

– Ils ne sont pas sympathiques. Ils font hurler la télé ou la radio. Ils parlent fort. C'est l'enfer !

 Même exercice.

encore – partout – déjà – toujours – violemment

Il a nié avoir été l'auteur du hold-up de la banque. Il est arrivé que l'on condamne un innocent, mais on n'a pas vu quelqu'un comme lui être blanc comme neige. Cependant il a réagi aux accusations portées contre lui et on n'a pas trouvé ses empreintes. La police a pourtant cherché.

3 **Récrivez ces phrases de telle manière qu'elles commencent par un adverbe. Faites toutes les transformations nécessaires.**

Il va venir dans la soirée. Il aura pris ses précautions. Il est malin mais nous serons là pour l'attendre. Dès qu'il entrera dans l'immeuble, nous bloquerons toutes les issues. Nous pourrons l'arrêter tranquillement, sans risques inutiles.

_____

_____

_____

_____

4 **Dites à quelle catégorie appartiennent les adverbes suivants. Donnez de leur sens un équivalent.**

1. Vous avez assez bavardé, taisez-vous maintenant. _____

2. Cette femme est assez jolie. _____

3. Pierre travaille plus que toi. _____

4. Pierre est plus intelligent que Paul. _____

5. Notre voyage s'est terminé heureusement. _____

6. Heureusement, notre voyage s'est terminé. _____

7. Ce garçon est bien aimable. _____

8. C'est bien elle. _____

9. Cet ouvrier travaille bien. _____

10. Cet élève fait encore bien des fautes. _____

LES PRÉPOSITIONS

> Elle habite **à** Amsterdam, **aux** Pays-Bas, **au** centre de la ville.
> Elle s'intéresse beaucoup **à** la peinture flamande et va souvent **au** musée.

LA PRÉPOSITION « À » introduit un complément de lieu :

- *à la maison, à l'école, **au** (= à + le) bureau, **au** cinéma, à la piscine…*
- *à Paris, à Boston, à Pékin, à Brest, à Grenoble…*
- les noms de pays masculins qui commencent par une consonne et les noms de pays pluriels : ***au** Portugal, **au** Danemark, **aux** États-Unis…*
- les noms d'îles sans article : *à Madagascar, à Chypre.*

 Certaines locutions avec « à » ont un rapport avec le lieu :
*à côté, **au** milieu, **au** centre, à la surface, **au** fond, **au** bord, à l'intérieur.*

« À » introduit le complément des verbes qui expriment :

- l'idée d'enlèvement : *arracher, enlever, voler, prendre quelque chose **à** quelqu'un* :
   *J'ai emprunté ce livre **à** Julien, je dois le lui rendre demain.*
- une tendance vers quelque chose ou quelqu'un : *penser **à**, s'intéresser **à**, s'adresser **à** quelqu'un / penser **à**, s'intéresser **à**, aspirer **à** quelque chose…* :
   *Il s'intéresse **à** la philosophie, surtout **à** Descartes et **à** Platon.*

 Il faut répéter la préposition « à » lorsqu'il y a plusieurs compléments.

- la réalisation d'un but : *arriver **à**, réussir **à**, parvenir **à** quelque chose…* :
   *Elle est arrivée **à** obtenir une mention à l'examen.*

« À » introduit le complément d'un adjectif pour exprimer :

- un comportement ou une tendance : *prêt **à**, hostile **à**, favorable **à**, opposé **à**…*
- une comparaison : *supérieur **à**, inférieur **à**, semblable **à**, comparable **à**…*

« À » fait partie de locutions qui expriment :

- la manière : ***à** voix basse, **à** pas lents, **à** reculons, **à** gros sanglots…*
- la gradation : *petit **à** petit, au fur et **à** mesure, peu **à** peu, goutte **à** goutte…*
- le moyen de se déplacer : ***à** pied, **à** vélo* ; d'acheter ou de vendre : ***au** kilo* ; de faire : ***à** la main, **à** la machine…*

« À » introduit un complément de nom et exprime :

- l'usage approprié : *une tasse **à** thé, une brosse **à** cheveux…*
- la composition : *une tarte **aux** fraises, un chou **à** la crème…*

1 Complétez ces textes avec la préposition « à » ; faites la contraction si nécessaire.

A. – Tu voyages toujours autant ?

– Plus que jamais. En un mois je suis allé _____ Portugal, _____ Maroc, _____ Rome, _____ Athènes, _____ Madrid.

– Et les îles, tu y vas toujours ?

– _____ La Réunion, _____ Madagascar, je n'y vais plus.

Je le regrette beaucoup. _____ fond je préfère les pays du soleil. Ils sont _____ centre de mes intérêts.

B. J'ai pris ce livre _____ bibliothèque car je m'intéresse _____ Égypte ancienne et _____ fouilles archéologiques. J'ai réussi _____ obtenir une bourse pour continuer mes recherches. Mon directeur de thèse est opposé _____ certains collègues sur un thème _____ je tiens beaucoup et qui est comparable _____ celui que vous avez développé récemment. J'aspire de plus en plus _____ diriger mes recherches vers l'Orient. Mon directeur de thèse est également favorable _____ projet que je lui ai présenté dernièrement.

2 Trouvez l'expression équivalente contenant la préposition « à » et utilisez-la dans une phrase de votre choix comme dans le modèle.

Parler fort = parler **à** haute voix. → *Dans la classe il ne fallait pas parler à haute voix.*

1. Marcher lentement = _____

2. Parler doucement = _____

3. Se déplacer avec une bicyclette = _____

4. Marcher en reculant = _____

5. Avancer en tâtonnant = _____

3 Reliez les éléments de la colonne de gauche avec ceux de la colonne de droite en ajoutant la préposition « à ». Faites la contraction si nécessaire puis employez les expressions dans des phrases.

A		B	
1. Les huîtres se vendent	a. _____ mètre	1. un sac	a. _____ glace
2. La lettre est écrite	b. _____ main	2. une flûte	b. _____ repasser
3. Le tissu s'achète	c. _____ litre	3. des chaussures	c. _____ talons hauts
4. Le sucre se vend	d. _____ douzaine	4. un seau	d. _____ bec
5. Le message a été écrit	e. _____ kilo	5. un fer	e. _____ main
6. L'huile se vend	f. _____ machine	6. un chou	f. _____ crème

En général, les huîtres se vendent à la douzaine. _____

> Je l'ai rencontré dans un club **de** jazz près **de** chez moi. On a parlé **de** tout ; il a toujours quelque chose **d'**intéressant à dire.

LA PRÉPOSITION « DE » introduit un complément de lieu exprimant :

- la provenance : *arriver **de** France, **du** Portugal, **d'**Espagne, **des** États-Unis…*
- le point de départ : ***de** la maison à la mairie, **du** parc à la gare…*
- l'emplacement : *loin **de**, en face **de**, au-dessus **de**, en bas **de**, près **de**…*

   *Ils sont arrivés **du** Portugal ce matin. Nous habitons loin **de** l'aéroport ; ils ont pris un taxi **de** l'aéroport à chez nous.*

 « De » introduit le complément de beaucoup de verbes : *parler de, se soucier de, se moquer de, jouer de, dépendre de…*

   *Les enfants parlent souvent **de** lui et **de** sa bonne humeur.*

   ⚠ Il faut répéter la préposition « de » quand il y a plusieurs compléments.

 « De » introduit le complément d'un adjectif : *être fier de, content de, sûr de, responsable de, satisfait de…*

   *Ils sont contents **de** leur nouvel appartement.*

   ⚠ « De » introduit le complément de certains adjectifs utilisés avec une construction impersonnelle : *il est important de, il est nécessaire de, il est possible de…*
   *Avant de partir, il est nécessaire **de** téléphoner au consulat.*

▪ « De » est très souvent utilisé pour établir un lien entre deux noms et exprimer :

- la possession : *la veste **de** ma sœur, le vélo **de** Julie…*
- la catégorie : *une table **de** cuisine, une lampe **de** bureau, un chien **de** chasse…*

▪ « De » introduit différents compléments pour exprimer :

- la cause : *mourir **de** faim, trembler **de** peur, danser **de** joie, crier **de** douleur…*
- la manière : *répondre **d'**un ton sec, écouter **d'**un air moqueur…*
- la quantité : *une centaine **de** personnes, un kilo **de** fruits, une tasse **de** café…*
- la mesure de différence : *il a vieilli **de** dix ans, ma montre avance **de** 5 minutes…*

▪ « De » peut introduire le complément de certains pronoms :

   *C'est quelqu'un **de** sérieux. – Il n'y a rien **de** grave. – J'ai vu quelque chose **d'**intéressant.*

   *Il n'y a personne **de** responsable ici ?*

1 Complétez ce texte avec la préposition « de » en faisant la contraction si nécessaire.

Je me souviens bien _____ lui. Il était arrivé _____ gare, un matin _____ hiver. Il venait _____ province, _____ Nîmes exactement. On disait qu'il s'était échappé _____ prison. Il habitait en face _____ poste à côté _____ café. Il refusait _____ nous parler. Il semblait se moquer _____ tout et _____ tout le monde. C'était quelqu'un _____ bizarre.

2 Complétez les phrases avec une expression contenant un adjectif + « de » : content de, fier de, satisfait de, sûr de, responsable de, etc.

1. Il a obtenu le Premier Prix du Conservatoire, il _____ son succès.

2. Elle a changé d'emploi ; elle _____ sa nouvelle situation.

3. J'ai enfin reçu une réponse positive ; je _____ partir.

4. Il vient d'être nommé directeur ; il _____ tout le service.

3 Construisez une phrase avec chacune de ces expressions.

1. Il est important de _____

2. Il est facile de _____

3. Il est nécessaire de _____

4. Il est impossible de _____

5. Il est difficile de _____

4 Expliquez dans une paraphrase les expressions suivantes selon le modèle.

Ils étaient morts de rire. → *Ils riaient beaucoup au point d'en mourir.*

1. Elle mourait de faim : _____

2. Il pleurait de joie : _____

3. J'étais rouge de honte : _____

4. Nous tremblions de peur : _____

5 Donnez l'expression équivalente contenant la préposition « de » selon le modèle.

répondre sèchement *(ton)* → *répondre d'un ton sec*

1. regarder bizarrement *(air)* : _____

2. rire avec moquerie *(air)* : _____

3. marcher avec légèreté *(pas)* : _____

4. travailler régulièrement *(façon)* : _____

> Quand je voyage **en** avion, ce n'est pas **en** toute tranquillité ; **en** quelques mots : je suis morte de peur.

LA PRÉPOSITION « EN » introduit un complément de lieu :

- les noms de pays féminins et masculins commençant par une voyelle : *en France, en Suède, en Iran, en Angola…*
- les noms de régions féminins ou masculins commençant par une voyelle : *en Normandie, en Provence, en Anjou…*
- les noms d'îles avec articles : *en Corse (la Corse), en Sicile (la Sicile)…*

⚠ Certaines locutions avec « en » ont un rapport avec le lieu :
en haut, en bas, en face, en travers…

■ « En » est utilisé dans beaucoup d'expressions pour introduire :

- le moyen de transport : *en avion, en train, en bus, en métro…*
- la matière dont un objet est fait : *une bague en or, un pot en terre…*
- la façon de s'habiller : *en pantalon, en robe, en jupe, en noir, en blanc…*
- la manière de diviser un objet : *diviser en petits morceaux, couper en tranches, plier en deux, un roman en trois volumes…*
- la disposition dans l'espace : *s'asseoir en rond, se ranger en ligne, mettre en tas, marcher en zigzag…*
- un état physique ou psychologique : *en larmes, en colère, en forme, en bonne santé/en mauvaise santé, en paix…*
- une manière de s'exprimer : *parler en chinois, dire en quelques mots, s'exprimer en vers…*
- une durée fermée (le temps qu'il faut pour faire une action, un laps de temps) : *Je vais au bureau en dix minutes.* [Il me faut dix minutes pour aller au bureau.]

■ « En » est utilisé avec certains types de **verbes** :

- verbes exprimant la confiance :
  espérer en l'avenir – croire en Dieu – avoir confiance en quelqu'un…

- verbes exprimant un changement :
  changer en – transformer en – traduire en une langue…

⚠ *Nous avons confiance **en** lui. Nous avons confiance **dans** son programme.*

■ **« En » et « dans »**

La préposition « en » introduit une **généralité** alors que la préposition « dans » introduit une **spécificité** :

*Il vit en banlieue, **dans** une banlieue calme.*

1 Complétez avec la préposition « en » et apprenez ces expressions.

1. Je voyage _____ train plutôt que _____ voiture.

2. Ils habitent _____ France, _____ Alsace précisément.

3. Elle passe ses vacances soit _____ Corse, soit _____ Sardaigne.

4. Il se met souvent _____ colère.

5. Nous l'avons trouvé _____ meilleure forme.

6. Nous avons passé les fêtes entre amis, _____ toute tranquillité.

7. Le texte a été traduit _____ plusieurs langues.

8. Il dort toujours _____ travers du lit.

9. N'oubliez pas de signer _____ bas de la page.

10. Elle était toujours vêtue _____ noir et portait une bague _____ diamant.

11. On leur avait demandé de s'habiller _____ pantalon et _____ veste.

12. Il est resté _____ exil pendant trois ans.

13. Le moniteur leur disait de se mettre _____ rangs, de s'asseoir _____ tailleur, de courir _____ zigzag.

14. Son œuvre a été publiée _____ trois volumes.

15. Il disait qu'il ne croyait plus _____ rien ni _____ personne.

16. J'ai fait le trajet _____ cinq heures.

17. Elle nous a expliqué ce qui s'était passé _____ quelques mots.

18. Ils aiment partir _____ vacances _____ groupes.

2 Complétez avec les prépositions « en » ou « dans » et apprenez ces expressions.

1. Nous avons célébré le mariage _____ famille _____ la plus stricte intimité car nous étions _____ deuil.

2. L'institutrice exigeait des élèves qu'ils rentrent _____ la classe _____ silence.

3. Ils habitent _____ Norvège _____ une petite ville du nord du pays.

4. Ils se sont réfugiés _____ la montagne où il vivent _____ pleine nature.

5. J'ai voyagé _____ première classe _____ un wagon non fumeurs.

6. Nous étions _____ classe, _____ la salle située _____ face du laboratoire.

7. L'orage nous a surpris _____ chemin _____ un petit village près de Rennes.

8. Ils se sont déguisés _____ extraterrestres et ils sont apparus _____ des costumes extravagants.

9. Elle était _____ forme, _____ une forme incroyable.

10. Ils aspirent à vivre _____ paix, _____ une paix durable.

11. Elle était habillée _____ bleu, _____ un bleu azur magnifique.

12. Pendant mon séjour _____ France, j'ai vécu _____ famille, _____ une famille très accueillante où il y avait quatre enfants.

> J'ai dû passer **par** la fenêtre **pour** sortir.
> On l'a envoyé **par** avion **pour** ne pas perdre de temps.

LA PRÉPOSITION « PAR » introduit un complément exprimant un rapport avec le lieu : *passer **par** la porte, sortir **par** la fenêtre, regarder **par** le trou de la serrure.*

*La porte était bloquée ; nous sommes sortis **par** la fenêtre.*

■ « Par » peut exprimer plusieurs sens :

● le moyen : *envoyer **par** avion, prendre **par** la taille, appeler **par** son nom…*
   *J'ai envoyé le paquet **par** avion.*
● la cause : ***par** courtoisie, **par** amour, **par** jalousie, **par** intérêt…*
   *Elle l'a aidé **par** gentillesse.*
● la distribution : *une fois **par** semaine, trois fois **par** an…*
   *Il fait du sport deux fois **par** semaine.*

■ « Par » fait partie de certaines locutions : ***par** hasard, **par** conséquent, **par** bonheur, **par** malheur, **par** exemple…*

*Je les ai rencontrés **par** hasard au supermarché ; je ne les avais pas vus depuis longtemps.*

■ « Par » introduit le complément d'agent de la voix passive :

*Ce tableau a été peint **par** mon père.*

■ « Par » est utilisé avec les verbes qui expriment le début ou la fin d'une action : *commencer **par** – débuter **par** – finir **par** – terminer **par**…*

*Le concert a commencé **par** une sonate.*

LA PRÉPOSITION « POUR » exprime plusieurs sens :

● la destination : *il est parti **pour** New York, voilà une lettre **pour** vous…*
● le but : *elle ne veut pas travailler **pour** rien, je le dis **pour** ton bien…*
   *On s'est vus **pour** parler des vacances. – J'ai bu un café **pour** ne pas dormir.*
● la cause : *le magasin est fermé **pour** congés annuels ; l'hôtel est fermé **pour** travaux ; il a été condamné **pour** un vol à main armée ; il est apprécié **pour** sa gentillesse ; Flaubert est admiré **pour** son style…*
● la durée prévue : *il s'est absenté **pour** une heure ; elle est partie **pour** deux semaines ; le médecin m'a donné un traitement **pour** un mois.*

1 Complétez en utilisant la préposition « par » et apprenez ces expressions.

1. Aujourd'hui on dispose de beaucoup de moyens pour envoyer une information. On peut l'envoyer
   _____ , _____ ou _____ .

2. Il y a plusieurs explications possibles à sa conduite. Elle a pu agir _____ , _____ ,
   _____ , ou _____ .

3. Nous les avons connus tout à fait _____ au cours d'un voyage.

4. On ignore jusqu'à maintenant l'auteur de cette œuvre. Elle a peut-être été écrite _____ ,
   ou _____ .

5. On regarde régulièrement cette émission : elle a lieu _____ .

6. Le spectacle a commencé _____ et a fini _____ .

7. Ils avaient oublié la clef, ils ont dû passer _____ .

2 Répondez aux questions suivantes en utilisant la préposition « pour » comme dans le modèle.
   Où sont-il partis ? → *Ils sont partis pour le Mexique.*

1. À qui est adressé ce message ? _____

2. Pourquoi a-t-il dit ça ? _____

3. Pour quelle raison le magasin est-il fermé ? _____

4. Pourquoi est-il si aimé de ses amis ? _____

5. Elle s'est absentée pour longtemps ? _____

6. Pourquoi le musée est-il fermé ? _____

7. Pourquoi ont-ils été arrêtés par la police ? _____

3 Complétez par « par » ou « pour ».

1. Elle s'absente _____ un mois _____ cause de maladie.

2. Il a fini _____ accepter notre proposition.

3. J'ai été arrêté _____ excès de vitesse.

4. Il a tout abandonné _____ peur d'échouer.

5. Elle s'est mariée _____ amour et non _____ intérêt.

6. Il a fini _____ avouer son erreur.

7. L'avion vient de décoller _____ Londres.

8. On est partis _____ Lyon à 3 heures et on a été arrêtés _____ un orage violent peu de
   temps après.

9. Il a eu une contravention _____ avoir oublié de composter son billet.

10. Elle a cité plusieurs philosophes, _____ exemple Spinoza.

Faites un petit texte avec ces phrases en utilisant l'interrogation indirecte.

Avant de prendre le départ de la course « Vendée-Globe » (autour du monde à la voile, seul, sans escale), le navigateur se demande :
– Est-ce que j'aurai assez d'eau ?
– Mes appareils de liaison résisteront-ils ?
– Comment sera la météo, favorable ou non ?
– Combien d'icebergs le bateau rencontrera-t-il ?
– Aurai-je la force de résister à la solitude ?
– Dans les 40° rugissants (40° de latitude sud) comment réagira le bateau ?
– Quand arriverai-je, si j'arrive ?

_____
_____
_____
_____

2 **Rendez compte de la conférence du Premier ministre en faisant toutes les transformations nécessaires.**

« Je ne changerai pas de cap. Les options que moi-même et mon gouvernement avons prises sont les meilleures. Il n'y en a pas d'autres possibles. Les résultats seront bientôt visibles. Il suffira d'un peu de patience pour que la situation ait le temps de s'améliorer et que tout le monde puisse bénéficier enfin de la bonne santé des entreprises et des finances publiques. »

Le Premier ministre a dit que _____
_____
_____
_____

 Complétez le texte à l'aide des expressions de temps suivantes.

nuit-là (2) – journée – soir (2) – lendemain (2) – matin – journée-là – veille – durant – pendant.

L'examen d'un étudiant au Moyen Âge

La _____ de la soutenance _____ la journée l'étudiant devait rassembler ses notes, préparer tout ce dont il aurait besoin le _____. Le _____ même il devait retrouver ses camarades qui l'accompagneraient jusqu'au tombeau du Saint Patron. Là, il commencerait sa veillée jusqu'au _____ matin. _____ toute cette _____ il ne devait absolument pas dormir. Le _____ il se préparerait pour se présenter devant le jury qui le questionnerait la _____ entière. Le _____ venu, après délibération, le jury le déclarerait admis ou « rejeté ». S'il n'était pas admis il lui faudrait sortir par une petite porte, mais sous les cris des autres étudiants qui lui jetteraient toutes sortes de légumes et de fruits pourris. Il se souviendrait toute sa vie de cette _____ et de cette

_____ .

4 Formez les adverbes correspondant aux adjectifs suivants et utilisez-les dans une phrase de votre choix.

1. Agréable : _____

2. Prudent : _____

3. Élégant : _____

4. Gentil : _____

5. Éternel : _____

6. Naïf : _____

7. Amoureux : _____

8. Assidu : _____

5 Placez, là où c'est possible, les adverbes proposés pour modaliser ce texte :

aussitôt – poliment – lentement – bien – juste – évidemment – longtemps – précisément – encore – à peine – élégamment – d'habitude – longuement.

On avait rendez-vous au métro Saint-Michel, _____ à côté de la fontaine. Elle était _____ en retard. J'ai attendu _____ , _____ une heure. À six heures, elle n'était pas _____ là. Alors, j'ai marché _____ vers la terrasse du café d'en face, en me disant que je rencontrerais _____ quelqu'un que je connaissais. J'étais _____ assis que j'ai vu arriver Nathalie _____ habillée comme _____ . Elle s'est excusée _____ puis _____ elle a commencé à me raconter _____ ses amours, ses ennuis de travail, ses problèmes de santé. Je connaissais sa vie de A à Z.

6 Complétez ces textes avec la préposition qui convient.

A. – _____ quoi était la statue ? – Elle était _____ or massif.

– _____ où venait-elle ? _____ Extrême-Orient.

– _____ quel pays ? Je ne sais pas. – _____ Japon ou _____ Indes.

– Comment se trouvait-elle _____ le magasin de M. Chang ? – _____ hasard, je pense.

– Qui l'a achetée ? – _____ chance, une femme _____ diplomate, je crois.

– Vous vous souvenez _____ elle ? – Un peu. Elle était _____ pantalon _____ la manière des Pakistanaises. Elle portait des bijoux _____ grande valeur. C'est tout ce qui m'a frappé.

B. Ils étaient venus _____ partout, _____ pied, _____ cheval, _____ voiture _____ rendre un dernier hommage _____ celui _____ lequel ils avaient mis tous leurs espoirs.

> Tu te rappelles ma cousine **qui** habite à Genève ?
> Je lis le livre **que** tu m'as prêté.
> Elle habite le quartier **où** se trouve la mairie.

LE PRONOM RELATIF SIMPLE relie deux phrases et évite la répétition d'un mot :

J'attends une lettre ; ma sœur doit m'envoyer cette lettre.
→ *J'attends une lettre **que** ma sœur doit m'envoyer.*

■ **« QUI »** remplace un mot (personne ou chose) placé avant lui ; il est sujet du verbe qui suit :

*Valérie est ma cousine **qui** habite à Genève.*

■ **« QUE »** remplace un mot (personne ou chose) placé avant lui ; il est complément d'objet direct du verbe qui suit :

*Il m'a rendu le livre **que** je lui avais prêté.*

■ **« OÙ »** remplace un mot placé avant lui et indiquant un complément de lieu ou de temps :

*J'ai visité le quartier **où** se trouve le nouveau musée.*
*C'est l'année **où** elle s'est mariée.*

■ **« D'OÙ »**, **« PAR OÙ »**, **« LÀ OÙ »**, **« PARTOUT OÙ »** remplacent un mot qui indique un complément de lieu :

*C'est un monument **d'où** on peut voir tout Paris.*
*Il connaît bien les routes **par où** il faut passer pour éviter les problèmes de circulation.*
*On se retrouvera à 8 heures **là où** on s'est rencontrés hier.*
*Elle a cherché **partout où** elle était allée mais elle n'a rien trouvé.*

■ **« QUOI »** est toujours neutre. Il est introduit par une préposition :

*C'est quelque chose à **quoi** elle n'a jamais pensé.*
*Voici par **quoi** je vais commencer.*

1 Reliez les phrases avec « qui », « que », « où » comme dans l'exemple.

Hier nous avons vu un film ; <u>ce film</u> a été tourné en Colombie.

→ *Hier nous avons vu un film **qui** a été tourné en Colombie.*

1. Elle vit dans une petite ville de province ; <u>dans cette petite ville</u> elle s'ennuie.

_____

2. J'ai rencontré par hasard un ami ; je n'avais pas vu <u>cet ami</u> depuis trois ans.

_____

3. Ils ont loué une maison ; <u>elle</u> se trouve près de celle de leurs parents.

_____

4. C'est une boutique d'antiquités ; on <u>y</u> trouve surtout des objets du XIXᵉ siècle.

_____

5. J'ai lu un livre magnifique ; tous les jeunes devraient <u>l'</u>avoir lu.

_____

2 Complétez le texte avec « qui », « que » et « où ».

Le film que nous avons aimé

Le film _____ nous avons vu hier à la télévision se passe en Australie. C'est l'histoire d'une jeune femme peintre _____ quitte l'Angleterre _____ elle fait ses études pour aller vivre en Australie. La vie _____ elle mène là-bas n'est pas aussi rose qu'elle pensait. En effet, elle rencontre des difficultés _____ l'empêchent de peindre comme elle le voudrait. Après une année difficile … elle travaille beaucoup, elle connaît enfin le succès _____ elle attendait et devient célèbre.

3 Complétez les phrases avec « d'où », « là où », « par où » ou « partout où ».

*J'ai choisi une chambre **d'où** on voit la mer.*

1. On passait des heures sur la terrasse _____ on apercevait le port.

2. En revenant dans ce quartier, j'ai reconnu _____ j'avais passé mon bac.

3. Nous avons fait un très beau voyage grâce à Alexis qui nous avait donné un itinéraire _____ nous devions passer pour faire un circuit intéressant.

4. C'est un chanteur très populaire ; les journalistes le suivent _____ il va pour avoir une interview.

5. Le professeur nous a aidés _____ nous n'avions pas compris.

4 Complétez avec « quoi » et la préposition qui convient.

1. C'est quelque chose _____ je n'ai jamais réfléchi.

2. Voici _____ le concert a commencé.

3. C'est quelque chose _____ il a insisté.

■ « DONT » remplace un mot (personne ou chose) placé avant lui ; il peut être :

• complément d'un verbe construit avec « de » :

*Catherine est mon amie. – Je vous ai souvent parlé **de** mon amie.*
*Catherine est l'amie **dont** je vous ai souvent parlé.*

• complément d'un adjectif suivi de « de » :

*C'est un travail **dont** ils ne sont pas contents.* [ils ne sont pas contents **de** ce travail]

• complément d'un nom suivi de « de » :

*C'est un jeune comédien **dont** j'ai oublié le nom.* [le nom **de** ce comédien]

⚠ Dites : *C'est la façon **dont** il peint, la manière **dont** il parle.* [il parle de cette façon-là]

• « dont » peut être lié à la quantité et s'utilise à la place de « parmi lesquels » ou « parmi lesquelles » :

*Ils ont trois grands enfants **dont** deux sont médecins.* [= Ils ont trois grands enfants **parmi lesquels** deux sont médecins.]

⚠ On peut sous-entendre « être » :
*J'ai acheté des pulls **dont** deux (sont) en laine.*

■ « CE QUI », « CE QUE », « CE DONT » (ce = cela) :

*Je sais **ce qui** lui fera plaisir pour son anniversaire.*
*Elle ne sait pas **ce qu'**elle veut.*
*C'est exactement **ce dont** j'avais besoin.*

• « Ce qui », « ce que », « ce dont » peuvent remplacer toute une phrase ou reprendre une idée :

*Ses parents lui ont offert un voyage à Florence ; **cela** lui a fait plaisir.*
→ *Ses parents lui ont offert un voyage à Florence ; **ce qui** lui a fait plaisir.*

*Elle va se marier et partir habiter en Italie ; elle attendait **cela** depuis longtemps.*
→ *Elle va se marier et partir habiter en Italie ; **ce qu'**elle attendait depuis longtemps.*

*Il a été nommé directeur ; tout le personnel est content de **cela**.*
→ *Il a été nommé directeur ; **ce dont** tout le personnel est content.*

■ « CE À QUOI », « CE POUR QUOI », « CE CONTRE QUOI », « CE SUR QUOI » etc., peuvent remplacer toute une phrase ; « ce » (= cela) reprend alors une idée :

*Retourner dans son pays, revoir la mer, retrouver sa famille et ses amis, c'était **ce à quoi** il pensait sans cesse.* [= il pensait à cela sans cesse]

1 **Reliez les phrases avec « dont » comme dans l'exemple.**

Je viens de recevoir un cadeau ; je rêvais de <u>ce cadeau</u> depuis longtemps ;

→ *Je viens de recevoir un cadeau **dont** je rêvais depuis longtemps.*

1. Elle m'a donné cette table ; elle n'avait plus besoin de <u>cette table</u>.

_____

2. Ils travaillent avec un nouveau directeur ; ils se plaignent beaucoup de <u>ce directeur</u>.

_____

3. Claire suit un cours intensif d'espagnol ; elle est contente de <u>ce cours</u>.

_____

4. J'ai lu son dernier roman ; je n'ai pas bien compris le sens de <u>ce roman</u>.

_____

5. Il y a eu un accident sur l'autoroute. Il y a cinq blessés, parmi <u>ces blessés</u> trois sont dans un état grave.

_____

6. Il habite dans une famille française ; la mère de <u>cette famille</u> est alsacienne.

_____

7. Le chômage est un problème grave ; tous les journaux parlent de <u>ce problème</u>.

_____

2 **Complétez les phrases par « ce qui », « ce que », « ce dont ».**

1. Le professeur nous a dit de lire _____ nous voulions : roman ou poésie.

2. Elle a l'habitude de faire _____ lui plaît : elle n'aime pas les contraintes.

3. Prenez seulement _____ vous aurez besoin pour une semaine !

4. Je ne comprends pas _____ vous dites, parlez plus fort !

3 **Utilisez « ce qui », « ce que », « ce dont », « ce à quoi », « ce pour quoi », « ce sur quoi » pour reprendre l'idée contenue dans la première phrase.**

1. Cette foire regroupe tous les ans des artistes du monde entier ; _____ attire un grand public.

2. Une autoroute passera tout près de la ville, un quartier sera démoli ; _____ tous les gens de la ville sont mécontents.

3. Il a neigé au mois de mai ; _____ personne dans la région n'avait jamais vu.

4. Partir vivre dans une île loin du bruit de la ville : c'était _____ elle rêvait.

5. Il allait dynamiser le département, offrir des chances de promotion ; c'était _____ ils comptaient tous.

6. Ils voulaient un monde libre et tolérant ; c'était _____ ils combattaient.

> C'est la raison **pour laquelle** je suis ici.
> La conférence **à laquelle** nous avons assisté était faite en anglais.
> Elle habite une maison **près de laquelle** il y a un bois.

LES PRONOMS RELATIFS COMPOSÉS

■ « LEQUEL », « LESQUELS », « LAQUELLE », « LESQUELLES » sont des relatifs composés ; ils remplacent des choses et sont utilisés après une préposition : *sur, pour, par, avec, en, dans,* etc.

> *Elle travaille sur un sujet passionnant.*
> → *Le sujet sur **lequel** elle travaille est passionnant.*

• Quand le pronom relatif composé remplace une ou plusieurs personnes, on utilise en général « **qui** » :

> *C'est quelqu'un en **qui** j'ai confiance.*

 Ne dites pas : « parmi qui ». Dites « parmi lesquels » ou « lesquelles ».

• Les pronoms utilisés pour les choses sont souvent utilisés pour les personnes surtout quand ils représentent des personnes en général :

> *Les gens avec **lesquels** (= avec **qui**) j'habite sont sympathiques.*

■ « AUQUEL », « AUXQUELS », « À LAQUELLE », « AUXQUELLES » sont des pronoms relatifs composés contractés avec la préposition « à » :

> *Je pense au film de Claude Berri.* (penser à)
> → *Le film **auquel** je pense est de Claude Berri.*
> *Il s'intéresse à la littérature du XIXᵉ siècle.* (s'intéresser à)
> → *La littérature **à laquelle** il s'intéresse est celle du XIXᵉ siècle.*

• Quand le pronom remplace une ou plusieurs personnes, on utilise « **qui** » ; il n'y a pas de contraction :

> *Le peintre **à qui** il a fait allusion est mort l'année dernière.*

 On peut également dire : *Le peintre **auquel** il fait allusion.*

■ « DUQUEL », « DESQUELS », « DE LAQUELLE », « DESQUELLES » sont des relatifs contractés avec des locutions contenant « de » : « près de », « à cause de », « à la fin de », etc. :

> *Tu te souviens de ce dîner **à la fin duquel** on est allés danser ?*

 Quand le pronom représente une personne, on utilise « **qui** » ; il n'y a pas de contraction :
*C'est la femme à côté de **qui** il est assis.*

1 **Complétez les phrases avec les relatifs composés. Choisissez parmi les prépositions proposées.**

pour – sans – avec – pendant – sur – sous – dans – d'après – selon – parmi
→ *C'est un magazine **pour lequel** il a travaillé pendant cinq ans.*

1. Tu vois ce chêne au fond du jardin ? C'est l'arbre _____ on fait des pique-niques en été.

2. – Qu'est-ce que tu fais ? – Je cherche la boîte _____ tu as mis les dés.

3. Là, on va fixer des étagères _____ on mettra des épices. Comme ça, ce sera plus pratique pour cuisiner !

4. Voilà les différentes couleurs _____ vous pouvez choisir.

5. Cette revue vient de publier un article _____ il pourrait y avoir un deuxième Big Bang.

6. C'est un stylo _____ je ne peux pas écrire.

7. Elle vient de contacter une société _____ elle aimerait travailler. Elle n'a pas encore reçu de réponse.

8. Est-ce que tu retrouveras le chemin _____ nous sommes passés la semaine dernière ?

9. Ce sont bien les vacances _____ on s'est le plus amusés !

10. On présente souvent l'argument _____ la protection de l'environnement passe par l'éducation des jeunes citoyens.

2 **Reliez les deux phrases par le pronom « qui » précédé de la préposition qui convient, comme dans l'exemple.**

Simon est un ami sûr ; je lui confie tous mes secrets.
→ *Simon est un ami sûr **à qui** je confie tous mes secrets.*

1. C'est un médecin compétent. On peut avoir confiance en lui.

_____

2. Je te présente mon amie Maud ; j'allais au lycée avec elle.

_____

3. Il a une grande admiration pour cet homme ; sans lui il n'aurait pas réussi.

_____

4. Nous avons revu Christian et Caroline. Nous avons dîné chez eux il y a quelques jours.

_____

5. J'ai deux très bons amis ; je peux compter sur eux à n'importe quel moment.

_____

6. J'ai retrouvé mes amis de lycée ; je me sens bien parmi eux.

_____

7. C'est une amie de longue date ; je lui ai proposé de partir en vacances avec nous.

_____

EXERCICES

1 Complétez les phrases avec le pronom composé « auquel », « auxquels », « à laquelle » ou « auxquelles » comme dans l'exemple.

Vous serez présent à cette réunion ?
→ *Oui, c'est une réunion **à laquelle** je serai présent.*

1. – Tu t'intéresses à la musique indienne ?
   – Oui, _____

2. – Elle tient beaucoup à cet objet ?
   – Oui, _____

3. – Faut-il donner de l'importance à ces détails ?
   – Non, _____

4. – Il pourra venir à cette heure-là ?
   – Oui, _____

5. – Tu as déjà assisté à ce cours ?
   – Non, _____

6. – Vous participez à ces activités ?
   – Oui, _____

7. – Vous continuez de travailler à ce projet ?
   – Oui, _____

8. – Il pense toujours à cette solution ?
   – Oui, _____

9. – Tu crois toujours à ces choses-là ?
   – Non, _____

2 Complétez en utilisant la locution prépositionnelle manquante comme dans l'exemple.

→ *C'est un festival de cinéma **à la fin duquel** une palme d'or est attribuée au meilleur film.* (à la fin de)

1. On lui a envoyé une carte postale _____ on a tous signé. *(au bas de)*

2. C'est une organisation _____ nous avons trouvé de l'aide. *(auprès de)*

3. Il y a deux grandes fêtes pendant l'année _____ la famille est réunie. *(à l'occasion de)*

4. Ce sont des immeubles modernes _____ on a construit un centre sportif. *(près de)*

5. Il y a une date _____ on ne peut plus s'inscrire. *(au delà)*

6. C'est un sujet _____ ils se disputent toujours. *(à propos de)*

7. Il a fait une allocution à la télévision _____ il a annoncé des mesures économiques nouvelles. *(au cours de)*

8. Il y a eu des élections _____ il a changé de Premier ministre. *(à la suite de)*

9. J'ai retrouvé des vieux livres _____ il y avait des fleurs séchées. *(à l'intérieur de)*

3 **Transformez la phrase avec le pronom « qui » précédé de la locution avec « de » comme dans l'exemple.**

Au concert, j'étais assis à côté d'une femme qui portait un grand chapeau. C'était très gênant !
→ *Au concert, la femme près de qui j'étais assis portait un grand chapeau. C'était très gênant !*

1. En été nous avons passé des vacances près d'amis qui avaient un voilier. C'était très agréable !

_____

2. Pendant son séjour en Angleterre, il vivait auprès d'un couple qui avait cinq enfants. Comme c'était bruyant !

_____

3. Au lycée on avait une grande admiration à l'égard du professeur de philosophie qui nous racontait des anecdotes passionnantes.

_____

4. Tous les voisins racontent des histoires invraisemblables à propos d'un homme qui est en fait un vieux comédien talentueux.

_____

4 **Complétez le texte avec les pronoms relatifs manquants. Inventez ensuite une fin à cette histoire.**

C'est un roman que tout le monde a lu et _____ nous a fait rêver quand nous étions enfants.
C'est l'histoire d'un homme _____ le destin est semé d'aventures. Ce livre, au début _____ le héros voyage dans des contrées exotiques, dépeint des paysages au milieu _____ vit une quantité d'animaux. _____ frappe le lecteur, c'est la magie des descriptions. La façon _____ lutte le héros nous donne des leçons de courage. C'est un personnage _____ nous avons tous voulu nous identifier_____

_____

_____

_____

_____

5 **Sur le modèle de l'exercice 4, racontez un de vos films préférés en utilisant des pronoms relatifs.**

C'est un film _____

_____

_____

_____

_____

_____

LES PRONOMS PERSONNELS COMPLÉMENTS

> Je ne **les** ai pas vus depuis longtemps.
> Tu te souviens qu'on part demain ? Bien sûr, je m'**en** souviens.

PLACE

Les pronoms compléments remplacent un nom. Ils se placent devant le verbe aux temps simples et composés ; avec la négation, ils sont placés entre la première négation et le verbe.

■ Avec un seul pronom :

– *Vous voyez encore les Morin ?*
– *Non, nous ne **les** voyons plus. Nous ne **les** avons pas vus depuis trois mois.*

– *Elle va encore en Bretagne ?*
– *Non, elle n'**y** va plus. Elle n'**y** est pas allée depuis longtemps.*

– *Ils jouent toujours aux cartes ?*
– *Non, ils n'**y** jouent plus. Ils n'**y** ont pas joué depuis l'été dernier.*

– *Tu téléphones souvent à Paul ?*
– *Non, je ne **lui** téléphone plus. Je ne **lui** ai pas téléphoné depuis 3 mois.*

– *Tu achèteras des crevettes ?*
– *Non, je n'**en** achèterai pas. Je n'**en** ai pas acheté depuis longtemps.*

⚠ • Avec l'impératif affirmatif :
Dis-le ! – Téléphonez-lui ! – Vas-y ! – Penses-y ! – Prends-en !

• Avec l'impératif négatif :
Ne le dis pas ! – Ne lui téléphonez pas ! – N'y va pas ! – N'y pense pas ! – N'en prends pas !

■ Avec deux pronoms :

1	2	3	4	5
me	le	lui	y	en
te	la			
se	les	leur		
nous				
vous				

$1 \rightarrow 2$ Elle **me le** donne.
$1 \rightarrow 4$ Je **m'y** intéresse. – Je **t'y** invite.
$1 \rightarrow 5$ Il **m'en** donne.
$2 \rightarrow 3$ Je **le lui** donne.
$3 \rightarrow 5$ Tu **lui en** donnes.

⚠ Il y a → *Il y **en** a*
*Elle **ne** me la donne **pas**.*

1 Répondez aux questions en remplaçant le mot souligné par le pronom complément selon le modèle.

– Vous avez donné à manger au chien ?
– *Oui, nous **lui** avons donné à manger hier, mais nous ne **lui** avions pas donné à manger ce matin.*

1. Tu as téléphoné à Marie ?

Oui, _____, mais _____ depuis une semaine.

2. Vous avez fait des réservations pour le train et pour l'hôtel ?

Oui, _____ pour le train, mais _____.

3. Vous avez visité le château entièrement ?

Oui, _____, mais _____ entièrement.

4. Tu es allé chez ta grand-mère ?

Oui, _____, mais _____ depuis plus d'un an.

5. Tu as réfléchi à ma proposition ?

Oui, _____, mais _____ suffisamment.

2 Répondez affirmativement en remplaçant les groupes de mots soulignés par les pronoms qui conviennent.

1. Il a offert des roses à sa sœur ? → Oui, il _____

2. Vous avez envoyé la facture au client ? → Oui, _____

3. Tu me laisseras ton adresse de vacances ? → Oui, _____

4. Vous avez prêté une chaise aux voisins ? → Oui, _____

5. Tu nous a conviés à ton exposition ? → Oui, _____

3 Répondez selon le modèle.

– Je pense beaucoup à mes recherches. – *Pensez-y mais n'y pensez pas trop.*

1. – Je réfléchis trop à l'avenir. – _____

2. – J'écris à Luc tous les jours. – _____

3. – Je mange beaucoup de chocolat. – _____

4. – Je gâte trop cet enfant. – _____

4 Utilisez l'impératif et les pronoms compléments selon le modèle en vous aidant des tableaux de la page 128.

Tu leur diras la vérité. → *Dis-la-leur !*

1. Tu me donneras de tes nouvelles. _____

2. Vous ne leur donnerez pas de conseils. _____

3. Tu lui offriras un livre. _____

4. Tu ne lui présenteras pas ton petit ami. _____

● Impératif affirmatif :

1	2	3	4	5	6
le la les	moi	nous vous lui leur	m' t'	y	en

$1 \to 2$ *Donne-**le-moi**.*
$1 \to 3$ *Donnez-**la-lui**.*
$3 \to 6$ *Donnez-**nous-en**.*
$4 \to 6$ *Donnez-**m'en**.*

● Impératif négatif :

1	2	3
me nous vous	le la les	en

$1 \to 2$ **Ne me le dis pas.**
            Ne me les montre pas.
$1 \to 3$ **Ne nous en donne pas.**

LES PRONOMS « LE », « EN » et « Y »

Ils remplacent un groupe de mots, une phrase entière. Ils sont appelés pronoms « neutres » parce qu'ils ne représentent pas un mot marqué par le masculin, le féminin, le singulier ou le pluriel.

■ « LE » ou « L' » est utilisé avec un verbe à construction **directe :**

*Vous êtes fatigué, je **le** vois.* [le = que vous êtes fatigué]
*J'ai appris que tu t'étais marié ; c'est Marie qui me **l'**a dit.* [l' =: que tu t'étais marié]

 « Le » ou « l' » peut remplacer un adjectif ou un nom construit avec « **être** » :
*Elle était en colère ? Ah oui, elle **l'**était vraiment.* [l' = en colère]
*Je ne suis pas prête mais je **le** serai dans dix minutes.* [le = prête]

■ « EN » est utilisé avec un verbe ou un adjectif construit avec « **de** » :

– *Êtes-vous content de la nouvelle organisation du service ?*
– *Oui, j'**en** suis très content.* [en = qu'on ait réorganisé le service]
– *Est-ce que tu te moques de ce qu'il a dit ? – Oui, je m'**en** moque.* [en = de ce qu'il a dit]

■ « Y » est utilisé avec un verbe construit avec « **à** » :

– *La municipalité s'est-elle opposée à la construction de l'autoroute ?*
– *Oui, elle s'**y** est opposée.* [y = à ce que l'autoroute soit construite]

E X E R C I C E S

1 Récrivez ces phrases en conservant le sens et en faisant apparaître la transformation pronominale avec l'impératif.

Tu ne m'as pas rendu mes livres. → *Rends-les-moi.*

1. Donne-nous tes conseils. Oui, _____

2. Donne-moi ton avis. Oui, _____

3. Je n'ai pas besoin de tes conseils. Non, _____

4. Je ne veux pas connaître ton avis. Non, _____

5. Je ne veux pas de ce travail. Non, _____

6. Tu me l'as déjà dit plusieurs fois. Non, _____

7. Je veux bien encore de ce gâteau. Oui, _____

8. Confie-nous ton fils pendant les vacances. Oui, _____

2 Répondez avec le pronom neutre qui convient.

1. – Elle arrivera à l'heure ? – Je _____ espère.

2. – Il apporte des boissons ? – Je _____ compte bien.

3. – Il y aurait un remaniement ministériel ? – On _____ dit.

4. – Les enfants apprennent leurs leçons ? – Elle _____ veille.

5. – La loi serait changée ? – On _____ parle.

6. – Tu penses partir à l'étranger ? – Je _____ réfléchis.

7. – Vous saviez que Paul était marié ? – Nous _____ ignorions.

8. – Il veut acheter une nouvelle voiture ? – Il _____ a envie.

3 Remplacez le groupe de mots soulignés par le pronom neutre qui convient selon le modèle.

Ils nous ont informés <u>de ce qu'ils avaient décidé</u>. → *Ils nous en ont informés.*

1. Elle croit <u>que je suis d'accord avec son choix</u>. _____

2. Ils ont promis <u>qu'ils viendraient en été</u>. _____

3. J'ai souvent eu envie <u>de tout laisser tomber</u>. _____

4. Nous avons longuement réfléchi <u>à ce que vous nous avez proposé</u>. _____

5. Il ne s'est pas rendu compte <u>du mal qu'il leur avait fait</u>. _____

6. Vous n'avez pas prêté attention <u>à ce qu'il nous a dit</u>. _____

7. Ils ne se sont pas aperçus <u>qu'on leur avait volé des objets précieux</u>. _____

8. Elle ne se souvenait plus <u>qu'on s'était rencontrés chez Pierre</u>. _____

9. Avant de partir ils ont interdit <u>qu'on ouvre les fenêtres</u>. _____

10. Il ne pense déjà plus <u>à ce qu'elle a dit</u>. _____

LES PRONOMS INDÉFINIS

> Quand ils sont arrivés à la gare, **personne** ne les attendait. **Certains**
> étaient inquiets ; **quelque chose** de grave s'était peut-être passé ?
> **Les autres** restaient calmes…

■ **Les pronoms indéfinis** désignent une personne ou une chose **non précisée** :

> **On** sonne, va ouvrir !
> J'ai trouvé **quelque chose** dans l'escalier, je ne sais pas ce que c'est.

● Ils peuvent remplacer un nom déjà mentionné :

> Il y a beaucoup d'arbres dans le jardin : **tous** sont des arbres fruitiers.

■ Ils peuvent exprimer l'imprécision totale :

> **Quelqu'un** m'a dit que vous aviez déménagé.
> Il viendra **un de** ces jours.

> ⚠ « **Quelqu'un** », « **quelque chose** » sont souvent suivis de la préposition « **de** » + **adjectif** :
> C'est **quelque chose de nouveau**. – On m'a dit que c'était **quelqu'un de bizarre**.

■ Ils peuvent exprimer une quantité indéterminée :

> Des roses ? Oui, j'en prendrai **quelques-unes**.
> **Certains** pensent que le projet ne sera pas mis en œuvre.

■ Ils peuvent exprimer une quantité nulle :

> Je ne sais **rien** de cette affaire.
> Il ne connaît **personne ;** il vient d'arriver.

> ⚠ « **Personne** », « **rien** », sont souvent suivis de la préposition « **de** » + **adjectif :**
> Il n'a **rien** dit **de nouveau**. – Je n'ai trouvé **personne de sérieux**.

■ Ils peuvent exprimer la totalité :

> J'ai trente élèves : **tous** sont gentils. [On prononce le « s » du pronom « tous ».]
> Il a fait un cadeau à **chacun** de ses petits-enfants. [= tous ses petits-enfants]

■ Ils peuvent exprimer l'identité ou la différence :

> – Tu as vu mes nouvelles chaussures ? – Mon frère a **les mêmes**.
> – Il y a une heure que nous parlons de cet accident ! – Tu as raison, parlons **d'autre
> chose**.

> ⚠ « Qui » est souvent utilisé dans les proverbes :
> **Qui** vivra, verra.
> **Qui** veut voyager loin, ménage sa monture.

1   **Récrivez ce texte de façon qu'il ne reste aucune imprécision.**

– Quelqu'un m'a dit que vous aviez changé de femme et de travail ; mais pas de maison, j'espère ?

– Pas encore, mais j'y penserai.

– Quelqu'un, encore, m'a dit que vous aviez emporté quelque chose de précieux appartenant à votre femme. Mais je ne l'ai pas cru, car ce quelqu'un est vraiment quelqu'un de bizarre.

– Un de ces jours vous apprendrez la vérité. Patientez.

2   **Répondez à l'inspecteur à la place du voleur en utilisant l'imprécision.**

– Qu'est-ce que tu as à me dire sur cette affaire ?

– _____

– Qui as-tu rencontré ce soir-là ?

– _____

– Tu es allé au bar, au billard, à la boîte de nuit.

– Non, _____

– Mais quelqu'un t'a vu !

– _____ peut se tromper. L'erreur est humaine.

3   **Complétez le règlement suivant à l'aide des pronoms indéfinis qui conviennent.**

_____ ne devra rentrer après 22 heures. Le matin, _____ fera son lit et son ménage. _____ ne devra traîner ; _____ devra être en ordre. En cas de non-respect du règlement, _____ des coupables sera renvoyé.

4   **Complétez avec le pronom indéfini qui convient.**

1. Il appela sans que _____ réponde.

2. Sauvez-vous avant que _____ vous voie.

3. Ce texte est trop difficile pour que j'y comprenne _____ .

4. Il en savait plus que _____ .

5. Il y rencontrait beaucoup de gens mais c'était toujours _____ .

6. Elle en avait assez de cette discussion ; elle aurait bien voulu qu'on parle _____ .

7. Peut-on pleurer pour _____ .

8. _____ étaient pour, _____ étaient contre.

1   **Reliez les deux phrases par le pronom relatif qui convient.**

1. Il vient d'acheter une voiture d'occasion. La carrosserie doit être repeinte.

_____

2. Je vous présente mon amie Brigitte. Je partage un appartement.

_____

3. Elle veut bien me prêter son ordinateur. Elle ne s'en sert pas souvent.

_____

4. Nous aimons bien monter sur la falaise. De là, nous voyons tout le village serré autour du fleuve.

_____

5. Je viens de recevoir une lettre. Il faut que j'y réponde dès maintenant.

_____

6. C'est un outil pratique. Avec cet outil on peut faire beaucoup de choses dans le jardin.

_____

7. Dans le salon il y a une cheminée. Au-dessus de cette cheminée est accroché un miroir vénitien.

_____

8. Il a reçu une bourse. Grâce à cette bourse il pourra continuer ses études.

_____

9. Le professeur nous a donné des sujets de dissertation. Parmi ces sujets deux sont sur la liberté et un sur le bonheur.

_____

10. J'ai trouvé un coffret au grenier. À l'intérieur de ce coffret il y avait de vieilles photos de famille.

_____

11. C'était un professeur extraordinaire. Tous les élèves avaient du respect à son égard.

_____

2   **Complétez ces phrases avec « ce qui », « ce que », « ce dont », « ce + préposition + quoi ».**

1. C'est un enfant gâté ; il obtient toujours tout _____ veut.

2. Le coût était élevé ; c'est _____ l'a fait hésiter.

3. Un verre d'eau fraîche, c'est tout _____ j'ai envie pour le moment.

4. Il devrait sortir de l'hôpital bientôt ; c'est _____ nous espérons tous.

5. Je vous ai dit tout _____ je savais, du moins tout _____ on m'a informé.

6. Il nous a annoncé son divorce ; _____ nous a beaucoup surpris.

7. Il a annoncé en plein dîner son mariage : _____ on ne s'attendait pas du tout.

8. La passion pour la peinture, la reconnaissance de son talent : c'est _____ il avait fondé toute sa vie.

3   Répondez en remplaçant les éléments soulignés par le pronom qui convient.

1. N'avez-vous pas oublié <u>mes conseils</u> ? Non, _____

2. Vous êtes sûr qu'elle n'oubliera pas <u>le rendez-vous</u> ? Oui, _____

3. Êtes-vous allés <u>aux Floralies</u> ? Non, _____

4. Vous voulez encore un peu de <u>café</u> ? Oui, _____

5. Ils s'attendaient à <u>ce changement de situation</u> ? Non, _____

6. Est-ce que tu te souviens que <u>tu pars ce soir</u> ? Oui, _____

7. Il paraît qu'il leur a dit qu'<u>il partait</u> ? Oui, _____

8. Elle vous a rappelé que <u>la réunion était annulée</u> ? Oui, _____

9. Est-ce qu'ils savent que <u>nous les attendons</u> ? Oui, _____

10. Est-ce qu'elle est pour <u>quelque chose dans cette affaire</u> ? Non, _____

4   Reliez les éléments de la colonne de gauche aux éléments de la colonne de droite.

1. Elle est inconsciente. Elle fait…   **A.** N'importe lesquels

2. Il est réservé et timide. Il ne parle pas à…   **B.** N'importe où

3. Donne-moi un journal. …   **C.** N'importe qui

4. Partons à la campagne ! …   **D.** N'importe quoi

5. Quels livres veux-tu ? …   **E.** N'importe lequel

1. _____   **2.** _____   **3.** _____   **4.** _____   **5.** _____

5   Dans les proverbes qui suivent, soulignez le pronom indéfini, puis indiquez à quel texte ils correspondent.

1. Nul n'est censé ignorer la loi.   2. Tout est bien qui finit bien.

3. Chacun pour soi et Dieu pour tous.   4. Tel qui rit vendredi dimanche pleurera.

☐ A. Une jeune fille de condition moyenne obtient du roi, qui est guéri d'une maladie grave, d'épouser Bertrand, comte de Roussillon, qu'elle aime. Mais le jour de son mariage Bertrand abandonne Hélène qu'il méprise. Cependant l'amour d'Hélène triomphera car Bertrand reviendra près d'Hélène et ils seront très heureux.

☐ B. Pour sa défense elle n'a su dire qu'une chose : « Je ne savais pas que c'était interdit. » Or, cet argument-là, personne n'a le droit de l'utiliser.

☐ C. Souvent, après les grandes joies ou le bonheur, on voit arriver les peines ou le malheur.

☐ D. Je lui ai conseillé de s'occuper de ses affaires et pas de celles des autres. Celles des autres ? Il y a là-haut, dans le ciel, quelqu'un qui s'en occupera.

LA SITUATION dans LE TEMPS

> C'est un événement qui a eu lieu **récemment**, **au cours de** l'année passée.
> **Il y a huit jours qu'**elle est partie et elle sera de retour **dans** trois jours.

SE SITUER, SITUER UN ÉVÉNEMENT dans le temps

■ Par rapport à une **date** (celle du moment où l'on parle). Mots outils : *hier, aujourd'hui, demain, avant-hier, après-demain, dans un mois, le lundi 3 février*, etc.

> *Elle arrivera **demain matin**. – Elle partira **dans trois semaines**.*

■ Par rapport à une **époque** (celle où l'on parle). Mots outils : *dernièrement, à cette époque, maintenant, bientôt, récemment, prochainement, à partir de maintenant, la veille, le lendemain,* etc.

> *Patrick Bruel passera **prochainement** à l'Olympia.*

■ Par rapport à un **autre fait**.

* L'un est antérieur à l'autre. Mots outils : *avant, déjà, dès (que)*, etc.
> *Je viendrai vous saluer **avant de** partir.*
* Les deux faits ont lieu en même temps. Mots outils : *simultanément, au moment où,* etc.
> *Les deux accidents ont eu lieu **simultanément**.*
* L'un est postérieur à l'autre. Mots outils : *après, puis, ensuite,* etc.
> ***Après** ce traitement vous devriez aller mieux.*
* L'un est l'origine de l'autre. Mots outils : *depuis, désormais, dorénavant,* etc.
> ***Depuis** le 15 août la chasse est ouverte ; **désormais** vous pouvez y aller.*

■ Par rapport à la **répétition**, la **périodicité d'un fait**. Mots outils : *chaque jour, tous les jours/mois, quotidiennement, annuellement, deux fois par jour/mois, périodiquement, parfois,* etc.

> ***Périodiquement**, il avait des crises de paludisme.*
> ***Chaque matin**, il faisait le tour du parc.*

■ Par rapport à la **durée**. Mots outils : *longtemps, de, depuis, au cours de, ça fait, pendant, pour, en, durant, sur, dans, en avoir pour, être à,* etc.

> *Il resta **longtemps** bloqué par la montée rapide des eaux.*
> ***Être à** deux jours des vacances = on est en vacances dans deux jours.*

1 Rédigez le compte rendu du voyage d'une vedette de cinéma pour le journal régional.

hier	dans la soirée, départ de chez elle
aujourd'hui	à 22 h avion pour Bangkok
demain	tôt le matin arrivée à Bangkok

_____

_____

_____

_____

2 Complétez le texte suivant en utilisant les adverbes de temps qui conviennent.

Dans les lycées on a vu _____ une montée de la violence. Des crimes ont été commis. On s'interroge _____ sur les causes de tels actes. On a peur que _____ nos lycées soient transformés en lieux plus dangereux que certains quartiers la nuit.

3 Complétez le texte suivant en utilisant les adverbes ou les indications de temps qui conviennent.

Je passerai vous laisser mes clés _____ de partir ; j'apporterai _____ mon petit chat. Il ne devrait pas vous ennuyer car _____ sa série de piqûres, il va beaucoup mieux. Mais il ne faudra pas oublier de lui donner _____ matins sa pilule. _____ la fin de ses piqûres, c'est indispensable. _____ j'avais oublié de les lui donner, il a été horriblement malade. _____ on ne s'occupait pas des animaux comme aujourd'hui. _____ que les gens se sentent seuls, ils ont besoin de ces petits compagnons et ce n'est pas parce que _____ l'homme communiquera sur les autoroutes de l'information qu'il communiquera plus avec ses voisins. Allez, au revoir et merci.

4 Complétez ce texte avec les indications de temps qui conviennent.

Il avait reçu des lettres anonymes _____ . C'est que _____ quelque temps, il faisait des affaires un peu louches et _____ plus personne ne le regardait. Même s'il passait _____ dans la rue principale pour aller au bureau de tabac, plus personne _____ ne le saluait. D'ailleurs _____ il serait entendu par le juge. On connaîtra _____ la vérité !

■ Par rapport à sa **fréquence**. Mots outils : *jamais, parfois, souvent, quelquefois, de temps en temps, toujours,* etc.

> *Il n'oubliait **jamais** de lui envoyer des fleurs pour son anniversaire.*

L'EXPRESSION de LA DURÉE

Elle correspond à la question : combien de temps ?

■ Temps pendant lequel une action **continue** ou **est finie**. Mots outils : *il y a… que, voilà…que, ça fait… que, depuis, avant, plutôt.*

> ***Il y a** huit jours **qu**'il est dans le coma.* [= Il est dans le coma **depuis** huit jours.]
> ***Ça fait** trois jours **qu**'il a eu son accident.* [= Il a eu son accident **il y a** trois jours.]

■ Comment évaluer le temps qui s'**écoulera** avant qu'une action s'accomplisse ou soit accomplie ?

• L'évaluation précise se fait avec « dans » si le moment de la parole est celui du locuteur :
> *Il sera au travail **dans** deux jours.*

• L'évaluation précise se fait avec « après », « plus tard » si le moment de la parole est différent de celui du locuteur :
> *Il est arrivé à midi, il est reparti **deux heures après**.* [= deux heures plus tard]

• L'évaluation approximative se fait avec : « dans les… qui viennent », « avant », « sous » avec les formes verbales du futur, du conditionnel, de l'imparfait et de l'impératif, si le moment de la parole est celui du locuteur :
> *– Est-ce qu'il vivra ? – On le saura **dans** les heures **qui viennent**.*
> *Il partira **dans** un instant. Partez **dans** les huit jours **qui viennent**.*
> *Il partirait volontiers **dans** l'heure **qui vient**.*
> *S'il était là **dans** les jours **qui viennent**, il vous recevrait volontiers.*

• L'évaluation approximative se fait aussi avec « avant », « sous » si le moment de la parole est différent de celui du locuteur :
> *Il devait partir une huitaine de jours **avant**.*
> *Vous recevrez la convocation **sous** huitaine.* [langue administrative]

■ Comment évaluer le temps qui se déroulera à l'intérieur de limites (durée close) ?

• Elle s'exprime à l'aide de : *pendant, dans, tout(e), pour, en, durant, au cours de* :
> *Il a plu **pendant** une heure.*
> *Il a plu **tout le mois de juillet**.* [= pendant tout le mois…]
> *Il a plu **dans** la nuit.* [= pendant une partie de…]
> *Il est parti **pour** quelque temps.* [= pour un certain temps]
> *Il a construit son garage **en** une semaine.* [= il a mis une semaine pour construire son garage]

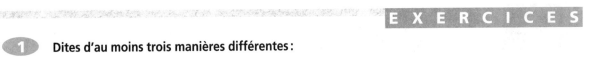

1   Dites d'au moins trois manières différentes :

Il y a huit jours qu'il pleut. – Il y avait trois jours qu'elle ne mangeait plus.

_____

_____

2   Dites d'une autre manière :

Il a atterri à midi, il redécollera dans deux heures. _____

Il racontait qu'il avait _____

Il avait atterri à midi _____

3   Complétez le texte suivant de manière à exprimer que l'action se fait dans l'immédiat.

Je veux que vous soyez partis dans l'heure _____. Rassurez-vous, ils seront partis dans

_____ . Mais n'oubliez pas que dans _____ vous devrez avoir réglé leur

problème de relogement. Je m'engage à ce qu'il soit réglé _____ leur départ. Je tiens

vraiment à ce qu'ils soient installés _____ les deux jours.

4   Répondez à l'interrogatoire suivant en utilisant « depuis » et « pendant » comme il convient.

– Est-ce que vous avez toujours habité là ? – Non, _____

– Il y a longtemps que vous ne travaillez plus ? – Non, _____

– Combien de temps avez-vous travaillé dans cette société ? – J'ai _____

– Et vous vous êtes reconverti à l'horticulture après ? Oui, _____

5   Complétez ce texte par « depuis » ou «pendant» en mettant les verbes au temps convenable.

Nous (être) _____ au service militaire ensemble mais après avoir été libérés, (être)

_____ perdus de vue et _____ nous ne nous (être) _____ jamais

revus. Mais _____ hier, j'ai retrouvé sa piste, grâce au journal. On n'en est pas sûr, mais il

(avoir fait) _____ de la contrebande au Paraguay _____ plusieurs années. Mais

_____ les mesures d'extradition prises par le gouvernement, il (être) _____

rentré en France où il (être resté) _____ caché _____ tout ce temps.

6   Complétez à l'aide de « pendant » ou « en ».

1. Il a neigé _____ toute la nuit, mais la route a été dégagée _____ une heure.

2. Je lis *Le Monde* chaque jour _____ deux heures, alors que mon ami qui lit rapidement

   arrive à le parcourir _____ quarante minutes.

3. Il a économisé _____ des années pour s'acheter une voiture qu'il a abîmée _____

   quelques jours.

21 L'EXPRESSION de LA CAUSE

> **Comme** je n'avais pas ton adresse, je n'ai pas pu t'écrire.
> L'autoroute a été fermée **en raison** du verglas.
> C'est **grâce à** lui que l'équipe a gagné.

LA CAUSE peut être introduite par de nombreuses conjonctions.

■ « **Parce que** », « **comme** », « **puisque** » sont les conjonctions les plus courantes.

• « **Parce que** » répond à la question « pourquoi ? ».

La cause est considérée comme banale. « Parce que » n'est pas, en général, en tête de phrase :

*Il est allé voir le médecin **parce qu'**il avait de la fièvre depuis plusieurs jours.*

• « **Comme** » se place en tête de la phrase et met la cause en valeur :

***Comme** il n'a pas plu depuis un mois, on est obligés d'arroser le jardin tous les jours.*

• « **Puisque** » introduit une cause évidente pour celui qui parle et en général connue de l'interlocuteur :

***Puisqu'il** fait beau, déjeunons sur la terrasse !*
*Tu devrais aller voir cette exposition, **puisque** tu aimes Picasso.*

■ « **Étant donné que** » et « **du fait que** » introduisent une cause connue de tous. Ces locutions se placent en tête de phrase ou après la conséquence.

• « **Étant donné que** » s'emploie surtout à l'écrit :

***Étant donné qu'**il a 18 ans, il peut passer le permis de conduire.*
*Les enfants ont dû rester à la maison **étant donné que** les instituteurs étaient en grève.*

• « **Du fait que** » est employé à l'oral et à l'écrit :

***Du fait** que tout le monde était fatigué, nous avons arrêté la réunion.*
*Le ministre a laissé ses fonctions **du fait qu'**il était très malade.*

■ « **Sous prétexte que** » introduit une cause fausse.

*Il n'est pas venu **sous prétexte qu'**il était malade.* [mais je ne le crois pas]

 Quand il y a plusieurs causes, on ne répète pas la conjonction, on la remplace par « que » :
***Comme** il y avait du soleil et **que** nous avions du temps, nous avons décidé d'y aller à pied.*

1 Répondez aux questions en utilisant « parce que ».

1. Pourquoi est-ce que tu pars tôt ? _____

2. Pourquoi est-ce qu'elle rentre dans son pays ? _____

3. Pourquoi n'étiez-vous pas à la réunion hier soir ? _____

4. Pourquoi ne lui a-t-il pas dit la vérité ? _____

2 Mettez le verbe proposé au temps qui convient.

1. Comme elle *(oublier)* _____ ses clefs et qu'elle *(ne pas vouloir)* _____
réveiller ses parents, elle est restée dormir à la maison.

2. Comme il *(être)* _____ seul, nous l'avons invité à dîner avec nous.

3. Comme il *(faire)* _____ beau, elle va emmener les enfants jouer au parc.

4. Comme je *(avoir)* _____ mal à l'estomac, je ne bois pas de jus d'orange.

3 Complétez avec « puisque » comme dans le modèle.

→ *Puisque tu es bon en maths*, explique-moi ce problème de géométrie !

1. _____, partons sans lui !

2. _____, je ne t'en reparlerai pas !

3. _____, allons voir un autre film !

4 Reliez les phrases proposées par « étant donné que » ou « du fait que » pour créer un rapport cause/conséquence.

1. Les loyers sont chers. / Les gens désertent les grandes villes pour aller habiter en banlieue.

_____

2. Les gens regardent beaucoup la télévision. / Le cinéma est en crise.

_____

3. Vous n'avez pas 18 ans. / Vous avez besoin d'une autorisation parentale.

_____

4. Les aiguilleurs du ciel sont en grève. / Les avions ne partiront pas.

_____

5 Transformez ces phrases en utilisant « sous prétexte que ».

1. Ils ne sont pas venus au cinéma avec nous parce qu'ils prétendaient qu'ils avaient vu le film.

_____

2. Ils ont détruit ce vieil immeuble parce qu'ils ont prétendu qu'il représentait un danger.

_____

3. Elle ne m'a pas écrit parce qu'elle a prétendu avoir perdu mon adresse.

_____

LA CAUSE peut être introduite par des prépositions.

- **« Grâce à »** introduit une cause dont la conséquence est **positive**. Il est suivi d'un nom ou d'un pronom :

    *Elle a trouvé un appartement **grâce à** des amis qui travaillent dans une agence.*

     Quand il y a deux causes, la seconde cause est introduite par « à » :
    *Il a pu réussir **grâce à** elle et **à** quelques amis.*

- **« À cause de »** introduit en général une cause dont la conséquence est **négative** ; il est suivi d'un nom ou d'un pronom :

    *Le match n'a pas eu lieu **à cause du** mauvais temps.*
    *On est arrivés en retard au théâtre **à cause de** lui.*

     Quand il y a deux causes, la seconde est introduite par « de » :
    *On est arrivés en retard **à cause de** lui et **des** embouteillages.*

- **« En raison de »** introduit une cause dont la conséquence est **neutre** ; il est suivi d'un nom ; il est employé surtout à l'écrit :

    *Le magasin sera fermé **en raison des** fêtes de Pâques.*

     Quand il y a deux causes, la seconde est introduite par « de » :
    *La route est interdite à la circulation **en raison de** la neige et **du** verglas.*

- **« Étant donné »** et **« du fait de »** introduisent une cause connue de tous ; ils sont suivis d'un nom :

    ***Étant donné** la pollution dans les grandes villes, les gens préfèrent aller vivre en province.*
    *Ils sont allés vivre en banlieue **du fait de** l'augmentation des loyers en ville.*

LA CAUSE peut être introduite par des mots de liaison.

- **« Car »** est employé plutôt à l'écrit ; il introduit une explication à ce qui vient d'être dit :

    *Ils avaient passé l'après-midi à bavarder au coin du feu **car** dehors il faisait très froid.*

- **« En effet »** est employé à l'écrit et à l'oral ; il introduit une explication à ce qui vient d'être dit :

    *Ils commencèrent à se dépêcher ; **en effet** le ciel s'assombrissait et annonçait un orage.*
    *– Tu es pressé ? – **En effet**, je suis en retard ; j'ai un rendez-vous.*

1 Complétez avec « grâce à » ou « à cause de ».

1. Il a pu continuer ses études _____ une bourse du ministère.

2. Elle a été sauvée _____ un nouveau médicament.

3. J'ai mal aux pieds _____ mes chaussures neuves.

4. Je me suis enrhumé _____ changement de temps et _____ l'humidité.

5. Cette entreprise a continué de fonctionner _____ une subvention de la région.

6. Ils sont arrivés en retard _____ d'une panne de voiture.

2 Terminez les phrases.

1. Les magasins sont illuminés en raison de _____

2. J'ai raté mon train à cause de _____

3. Il a réussi son examen grâce à _____

4. Le poisson est cher en raison de _____

5. Les banques seront fermées en raison de _____

6. Il a raté son examen _____

7. Ils ont pu faire ce voyage _____

3 Transformez la phrase en utilisant « étant donné + nom » ou « du fait de + nom ».

1. Nous sommes rentrés parce qu'il y avait une tempête.

_____

2. La rue est interdite à la circulation parce qu'il y a des travaux.

_____

3. La population était mécontente parce que les prix augmentaient.

_____

4. Il a dû quitter son poste parce qu'il y avait un scandale autour de sa vie privée.

_____

5. Il y aura une manifestation parce que l'Assemblée a voté une nouvelle loi.

_____

6. Ils ont changé le règlement parce qu'il y avait trop de fraudes.

_____

4 Complétez comme il convient pour introduire une explication :

1. Il a été envoyé en exil ; en effet _____

2. Tous ses romans ont pour toile de fond l'Indochine car _____

3. Nous sommes invités chez France samedi prochain. En effet _____

4. Les étudiants étrangers aiment lire *L'Étranger* de Camus car _____

L'EXPRESSION de LA CONSÉQUENCE

J'avais oublié les clés au bureau, **si bien que** je n'ai pas pu rentrer. Il était **si tard que** j'ai dû aller dormir à l'hôtel.
Le film contenait des éléments racistes ; **c'est pourquoi** il a été censuré.

LA CONSÉQUENCE peut être introduite par des conjonctions.

- **« Si bien que »** n'a pas de nuance particulière ; il peut être renforcé par **« tant et si bien que »** :

  *Il ment beaucoup **si bien que** personne ne croit ce qu'il dit.*
  *Il s'est opposé au gouvernement **tant et si bien qu'**il a dû démissionner.*

- **« De sorte que »** est une nuance de « si bien que » et introduit une conséquence certaine.

  *Il conduisait sans permis **de sorte qu'**il a été condamné à la prison.*

- **« Si »**, **« tellement »**, **« tant »** + que expriment l'intensité.

- **« Si »** donne un caractère intensif à l'adjectif et à l'adverbe. Il est aussi employé avec certaines expressions comme *avoir faim, soif, peur, envie,* etc. :

  *Elle était **si généreuse que** tout le monde l'aimait.*
  *Il conduit **si vite que** personne ne veut monter dans sa voiture.*
  *J'étais **si en colère que** je suis parti sans dire au revoir.*

- **« Tant »** donne un caractère quantitatif au verbe, **« tant de »** au nom :

  *Il **pleut tant que** les champs sont inondés.*
  *Ils ont fait **tant de bruit que** les voisins se sont plaints.*

- **« Tellement »** donne un caractère intensif et quantitatif à l'adjectif, à l'adverbe, au verbe, **« tellement de »** au nom. Il est aussi employé dans certaines expressions comme : *avoir soif, froid, chaud,* etc. :

  *Ce chien est **tellement agressif qu'**il aboie sans arrêt.*
  *Ils habitent **tellement loin que** nous ne les voyons pas souvent.*
  *On **a tellement ri qu'**on n'a pas vu qu'il était très tard.*
  *On **avait tellement chaud qu'**on ne pouvait plus bouger.*
  *J'ai **tellement de travail que** je ne prendrai pas de vacances.*

1 Complétez en exprimant la conséquence.

1. Le bébé avait de la fièvre tant et si bien que _____

2. La situation s'est aggravée si bien que _____

3. Le gouvernement a pris une mesure impopulaire tant et si bien que _____

4. Il a arrêté de prendre les médicaments si bien que _____

5. La voiture n'avait pas été révisée si bien que _____

6. Un malaise général envahissait le pays si bien que _____

7. Il avait plu pendant une semaine si bien que _____

8. Elle voyageait sans billet de sorte que _____

9. Je n'avais pas payé ma facture de téléphone de sorte que _____

2 Complétez avec « si » ou « tant ».

1. Il avait _____ peur que ses mains tremblaient.

2. Elle l'aime _____ qu'elle ne peut pas vivre sans lui.

3. Le soleil était _____ fort qu'ils ont la peau brûlée.

4. L'herbe est _____ haute qu'on peut à peine marcher.

5. Elle a _____ de soucis qu'elle ne dort plus.

6. Nous chantions _____ fort que les voisins se sont réveillés.

3 Complétez avec « tellement » ou « tant ».

1. J'ai _____ chanté que je n'ai plus de voix.

2. Ils couraient _____ vite qu'on n'a pas pu les rattraper.

3. Elle a _____ bijoux qu'elle peut en changer tous les jours.

4. La pièce est _____ sombre que je ne peux pas lire.

5. Il a fait _____ de bêtises qu'il a été renvoyé du lycée.

6. On avait _____ froid qu'on ne pouvait plus bouger les doigts.

7. Il a _____ parlé qu'il n'a plus de voix.

4 Exprimez la conséquence avec les éléments donnés. Variez les expressions de la conséquence.

1. Être très ému – Ne plus pouvoir parler

2. Un grand choix de vêtement – Difficile de choisir

3. Beaucoup de bruits – Ne pas entendre l'orateur

4. Avoir très faim – Avoir mal à l'estomac

5. Manifestations violentes – Intervention de la police

6. Augmentation du travail des femmes – Baisse du taux des naissances

LA CONSÉQUENCE peut être introduite par des mots de liaison.

■ « **Alors** » et « **donc** » indiquent un *lien logique fort* entre la cause et la conséquence ; le résultat est senti comme évident.

• « **Alors** » s'utilise surtout à **l'oral** :

> *Elle était en retard, **alors** on est partis.*
> *On n'avait pas d'argent, **alors** on n'a pas pris de vacances.*

• « **Donc** » s'utilise à l'oral et à l'écrit :

> *Vous avez rendu une feuille blanche à l'examen ; **donc** vous n'aviez pas appris votre cours.*
> *La philosophie remet en question les idées reçues ; on peut **donc** dire qu'elle s'oppose aux préjugés.*

■ « **C'est pourquoi** », « **c'est pour cela que** », « **c'est pour ça que** », « **c'est la raison pour laquelle** » indiquent un résultat logique en insistant sur la cause qui a été exprimée.

• « **C'est pour cela que** » s'utilise à l'oral et à l'écrit :

> *J'étais malade, **c'est pour cela que** je ne suis pas venue travailler.*
> *Leurs produits sont de moins en moins exportés. **C'est pour cela qu'**ils ont de gros problèmes financiers.*

• « **C'est pour ça que** » s'utilise à l'oral seulement :

> *Il pleuvait, **c'est pour ça qu'**on est rentrés très vite.*

• « **C'est pourquoi** », « **c'est la raison pour laquelle** » s'utilisent surtout à l'écrit :

> *Le prix du pain avait augmenté. **C'est pourquoi** le peuple se révoltait.*
> *Ce film contenait des éléments racistes ; **c'est la raison pour laquelle** il a été censuré.*

■ « **Par conséquent** », « **en conséquence** » sont surtout utilisés dans la langue administrative :

> *Lundi est un jour férié ; **par conséquent/en conséquence** notre banque sera fermée du vendredi 17 heures au mardi 9 heures.*

■ « **Aussi** » et « **ainsi** » introduisent le résultat d'un comportement (= aussi) ou d'une manière d'agir (= ainsi) :

> *Il s'est opposé au régime, **aussi** a-t-il été obligé de quitter le pays.* [aussi il a été…]
> *Il s'est enfui à l'étranger ; **ainsi** a-t-il échappé aux poursuites.* [ainsi il a échappé…]

⚠ « Aussi » et « ainsi » sont surtout utilisés à l'écrit et très souvent suivis de l'inversion verbe-sujet.

1 Choisissez entre « alors » ou « donc ».

1. Le restaurant était complet ; _____ on est allés dîner à la brasserie.

2. J'ai raté le train de 15 heures ; _____ j'ai pris celui de 18 heures.

3. La vie est de plus en plus chère ; _____ la population est mécontente.

4. Vous êtes en retard ; vous allez _____ être obligés d'attendre l'entracte pour rentrer.

5. Vous avez passé au feu rouge et vous n'avez pas de permis de conduire. Veuillez _____ me suivre au poste de police.

6. On avait deux valises chacun ; _____ on a pris un taxi.

2 Complétez et exprimez une conséquence.

1. La chanteuse était souffrante ; par conséquent _____.

2. Voltaire a critiqué le pouvoir ; c'est pour cela que _____.

3. Le musée était en réparations ; en conséquence _____.

4. Elle maîtrise trois langues étrangères ; c'est pourquoi _____.

5. Je suis tombée dans la rue hier ; c'est pour ça que _____.

6. Camille Claudel n'était pas reconnue comme un grand sculpteur ; c'est pour cette raison _____ _____.

7. Ils ont annoncé des licenciements massifs ; aussi _____.

8. Le Premier ministre a retiré sa proposition de loi ; ainsi _____.

3 Exprimez la conséquence avec les éléments donnés. Variez les expressions de la conséquence.

1. Tous les partis politiques y sont représentés. – Une véritable démocratie.

2. *Madame Bovary* de Flaubert – Roman jugé immoral. – Censuré.

3. Fenêtre en ancien français s'écrivait « fenestre ». – Accent circonflexe sur le « e » en français moderne.

4. Un train a déraillé. – Fermeture de la ligne pendant trois jours.

5. Il s'est mis à hurler et à nous insulter. – On a quitté la pièce sans répondre.

6. Vous n'avez pas de pièces d'identité. – Nous ne pouvons pas vous payer.

7. Un désordre général régnait sur le pays. – L'armée a pu prendre le pouvoir.

8. Il avait insulté le patron. – Il a été renvoyé.

9. Le triangle a un angle droit. – C'est un triangle rectangle.

_____

_____

_____

_____

_____

_____

23 L'EXPRESSION de LA COMPARAISON

Ça ne s'est pas passé **comme** je l'aurais voulu.

La deuxième partie était **beaucoup plus** intéressante **que** la première.

■ La comparaison peut être exprimée par des conjonctions.

- « **Comme** » introduit une égalité simple :

    *Elle est exactement **comme** je l'avais imaginée.*

- « **Aussi** » + adjectif/adverbe + « **que** » exprime une comparaison d'égalité qualitative :

    *L'examen était **aussi difficile que** celui de l'an dernier.*

    *Le film n'a pas duré **aussi longtemps qu'**on l'avait prévu.*

- « **Autant de** » + nom + « **que** », « **autant que** » expriment une comparaison d'égalité quantitative :

    *Cette voiture consomme **autant d'essence que** l'autre.*

    *Tu peux parler **autant que** tu voudras, je ne changerai pas d'avis.*

- « **Plus** » + adjectif/adverbe + « **que** », « **plus de** » + nom + « **que** » expriment une supériorité en qualité ou en quantité :

    *Ce bijou est **plus cher que** l'autre parce qu'il a **plus de valeur**.*

- « **Moins** » + adjectif ou adverbe + « **que** », « **moins de** » + nom + « **que** » expriment une infériorité en qualité et en quantité :

    *Cette région est **moins pittoresque que** l'autre et il y a **moins de touristes**.*

- « **Plus ... plus** », « **moins ... moins** », « **plus ... moins** », « **moins ... plus** » introduisent un lien de proportionnalité dans la comparaison :

    ***Plus** je regarde ce tableau, **plus** il me plaît.*

■ La comparaison peut être renforcée :

- par « **tout** » avec « **aussi ... que** », « **autant de ... que** » et « **autant que** » :

    *On n'a pas pris le même menu mais on a **tout aussi** bien déjeuné **que** vous.*

    *Vous vous plaignez mais vous savez, nous avons **tout autant de** soucis **que** vous.*

- par « **beaucoup** » ou « **bien** » avec « **plus / moins ... que** », « **plus / moins ... de** » :

    *Il fait **beaucoup plus** froid **qu'**hier mais il y a **bien moins de** brouillard.*

■ La comparaison peut être introduite par des prépositions.

- « **Comme** » introduit une comparaison simple :

    *Il est doux **comme** un agneau.*

- « **En comparaison de** », « **par rapport à** » rapprochent des éléments pour les opposer :

    *Les résultats sont bons **en comparaison de** ceux de l'an dernier.*

    *Les chiffres sont bas **par rapport à** ceux du mois dernier.*

1   **Mettez le verbe au temps qui convient.**

1. Nous passerons Noël en famille comme nous le *(faire)* _____ tous les ans.

2. Je te prêterai de l'argent comme je te le *(promettre)* _____ au début du mois.

3. Je te conseille d'abandonner ce projet mais tu feras comme tu *(vouloir)* _____.

4. Il criait comme chaque fois qu'il *(se mettre en colère)* _____.

2   **Choisissez un adjectif ou un adverbe pour exprimer la comparaison comme dans le modèle.**

Chauffage électrique – cher – un chauffage au gaz.

→ *Le chauffage électrique est plus cher que le chauffage au gaz.*

→ *Il est beaucoup plus cher. – Il est bien plus cher.*

1. Chemise en laine – chaud – chemise en coton.

_____

2. L'anglais – facile/difficile – le chinois.

_____

3. Le football – populaire – le tennis.

_____

3   **Complétez avec « aussi … que », « autant de … que » ou « autant que… ».**

1. Ils ne viennent pas _____ souvent _____ avant.

2. Il n'a pas plu _____ hier.

3. Je n'ai jamais vu quelqu'un qui a _____ énergie _____ lui.

4. Tu peux crier _____ tu veux, je ne t'écoute pas.

5. En France il y a _____ sortes de fromage _____ de jours dans l'année.

4   **Renforcez la comparaison avec « tout ».**

1. Son exposé était clair ; l'exposé de Christian était _____

2. Vous travaillez beaucoup mais j'ai _____ vous.

3. Il est content mais nous sommes _____ lui.

4. Tu me reproches de trop fumer mais tu _____ moi.

5   **Complétez.**

1. _____ on est de fous, _____ s'amuse.

2. _____ il travaille, _____ il a envie de travailler.

3. Moins_____ , _____ .

1 Nous sommes le 19 juin 2001 à Paris avant le départ pour Dakar pour le Rallye automobile Dakar-Dakar. Indiquez par rapport à cette date tout ce qui s'est passé avant et ce qui se passera après.

La veille avait eu lieu la dernière réunion de travail…/La semaine suivante…

15 juin 2001	Regroupement des équipes.
	Entraînement
17 juin 2001	Réunion de travail pour les entraîneurs et les mécaniciens.
18 juin 2001	Dernière réunion avant le départ. Étude du parcours.
19 juin 2001	Départ pour Dakar.
26 juin 2001	Mise en place du camp de base.
30 juin 2001	Derniers entraînements. Dernières mises au point.
1er juillet	Départ de la course.

2 Racontez une étape de la course en utilisant le plus de mots outils possible pour situer cet événement dans le temps et marquer sa durée.

_____

_____

_____

_____

_____

3 Exprimez la cause en utilisant les prépositions qui conviennent. Utilisez des propositions différentes.

1. L'aéroport est fermé _____ le brouillard.

2. Mes enfants ont pu être sauvés _____ au dévouement des médecins.

3. Il fallait se presser de rentrer la récolte _____ l'orage qui arrivait.

4. _____ les grèves de métro et _____ la SNCF, le magasin sera fermé.

5. _____ le stationnement dans une zone interdite, je suis obligé de vous adresser une contravention.

4 Complétez avec les conjonctions qui conviennent pour exprimer la conséquence ; utilisez autant que possible des conjonctions différentes.

1. Il dit n'importe quoi _____ personne ne l'écoute.

2. Elle était _____ étrangement habillée _____ tout le monde se retournait sur son passage.

3. Il avait _____ plu _____ l'eau rentrait sous les portes.

4. Il est _____ riche _____ ne sait pas quoi faire de son argent.

5. Le chien a eu très peur _____ s'est caché sous l'armoire.

6. J'étais _____ en colère _____ j'ai cassé une assiette.

5 **Complétez ces phrases comme il convient.**

1. Je lui ai dit cela parce que _____

2. Puisqu'elle a déjà travaillé avec nous _____

3. Il ne s'est pas soigné sérieusement c'est pourquoi _____

4. Elle parlait doucement si bien que _____

5. Ils ont trop exagéré de sorte que _____

6. Il jouera le prochain match ; ainsi _____

7. Elle ne lui avait pas téléphoné car _____

6 **Complétez ce texte comme il convient.**

Elle avait _____ mal qu'elle avait appelé son médecin. Quand elle est arrivée à son cabinet, il avait tout préparé _____ l'intervention a eu lieu immédiatement et _____ tout s'est très bien passé. Elle était endormie, elle ne peut _____ pas savoir ce qu'on lui a fait. En fait, ce n'était pas grave _____ elle a pu sortir de l'hôpital le lendemain. Tout a été fait _____ qu'elle retrouve sa santé et ses activités le plus vite possible.

7 **Comparez les éléments proposés.**

La femme des années 60 / la femme des années 90 → *La femme des années 90 est beaucoup plus indépendante que celle des années 60.*

1. L'homme des années 60 / l'homme des années 90 _____

2. L'équipe italienne de football / l'équipe brésilienne de football _____

3. La langue française / la langue anglaise _____

L'EXPRESSION de L'OPPOSITION et de LA CONCESSION

> Elle dépense sans compter **alors qu'**elle a peu d'argent.
> Il est froid et avare ; sa femme, **au contraire**, est généreuse.
> **Bien qu'**il y ait eu peu de neige, nous avons skié.
> Ils étaient pauvres, **pourtant** ils se sentaient heureux.

L'OPPOSITION

▨ Elle peut être introduite par une conjonction.

- « **Alors que** », « **tandis que** » sont les conjonctions les plus courantes :

    *Elle est calme et réservée **alors que** son frère est agité et bavard.*

    *Ils font des études scientifiques **tandis que** leurs parents ont fait des études littéraires.*

- « **Tandis que** », « **pendant que** » peuvent exprimer l'opposition avec une nuance de durée :

    *Ils regardaient la télévision **tandis qu'**elle lisait.*

    ***Pendant que** je travaillais sur ma thèse, ils étaient à la montagne où ils skiaient.*

▨ Elle peut être introduite par une préposition.

- « **Au lieu de** » est suivi de l'infinitif ou d'un nom :

    ***Au lieu de** reconnaître ses torts, il a été agressif.*
    *Elle a préféré un livre d'art **au lieu d'**un disque de jazz.*

- « **Contrairement à** » est suivi d'un nom ou d'un pronom :

    ***Contrairement à** lui, je n'aime pas la peinture moderne.*

    *Ce quartier de la ville est désert, **contrairement aux** autres quartiers toujours animés.*

▨ Elle peut être introduite par un mot de liaison.

- « **Mais** » :

    *Il m'a promis de venir **mais** il est allé voir son frère.*

- « **Au contraire** » :

    *Elle aime aller au spectacle. Lui, **au contraire**, aime recevoir des amis chez lui.*

- « **En revanche** », « **par contre** » marquent fortement l'opposition :

– **en revanche** est d'un niveau de langue plus soutenu :

    *Elle attirait par sa beauté ; **en revanche** elle était critiquée pour son caractère.*

– **par contre** est d'un niveau de langue moins soutenu :

    *Il n'aime pas les légumes ; **par contre** il adore les pâtes.*

1   Complétez les phrases suivantes.

1. Ce candidat est populaire auprès des jeunes alors que _____

2. Cet avion fait escale à Athènes tandis que _____

3. Elle ressemble à sa mère alors que _____

4. Ils ont commencé par traduire le texte alors que _____

2   Reliez les deux phrases par « tandis que » ou « pendant que ».

1. Elle travaillait dur. – Ils jouaient aux cartes. _____

2. Tout le monde se prépare pour la fête. – Elle pleure dans sa chambre. _____

3. Les voleurs cambriolaient leur appartement. – Ils dormaient à poings fermés._____

3   Transformez les phrases en introduisant « au lieu de » + infinitif ou nom.

1. Je ne boirai pas d'apéritif mais je prendrai un jus d'orange.

_____

2. Ne mettez pas d'huile mais utilisez du beurre. C'est meilleur !

_____

3. Nous prendrons le train mais pas l'avion. C'est trop cher !

_____

4. Pour son anniversaire elle veut un disque et non un livre.

_____

5. Je préfère un hors-d'œuvre et un dessert et pas de plat.

_____

4   Complétez les phrases suivantes.

1. Elle a un appétit d'oiseau, contrairement à _____

2. Contrairement à New York, _____

3. Il est têtu et colérique, contrairement à _____

4. Le ciel du nord de la France est gris et brumeux, contrairement à _____

5   Utilisez « mais », « en revanche » ou « par contre » pour exprimer une opposition.

1. Les jeunes aiment les films d'aventures ; _____

2. Il aime aller à la pêche ; _____

3. Je voulais être médecin ; _____

4. Elle désirait une fille ; _____

LA CONCESSION

■ Elle englobe l'opposition et la restriction. Elle exprime qu'une cause n'entraîne pas la conséquence qu'on attendait.

> *Je l'ai rencontré plusieurs fois ; **pourtant** je ne me souviens pas du tout de son visage.*

■ La concession peut être introduite par une conjonction.

• « **Bien que** », « **quoique** » sont suivis du subjonctif :

> *Bien qu'il soit tard, il fait encore jour.*
> *Il ne fut pas reconnu à son époque, **quoiqu**'il **ait eu** du talent.*

• « **Même si** » exprime l'opposition et la condition :

– il peut être suivi du présent ou du passé composé :

> *C'est un bon romancier **même s**'il n'a pas reçu de prix littéraire.*

– il peut exprimer la condition et l'hypothèse :

> *Même si elle souffrait, elle ne se plaignait pas.*
> *Même s'il avait de l'argent, il ne m'en prêterait pas.*
> *Il ne nous aurait rien dit, **même s**'il l'avait su.*

• « **Sans que** » introduit une négation ; il est suivi du subjonctif :

> *Elles sont venues **sans que** je les **aie** invitées.*
> *= Elles sont venues **bien que** je ne les **aie pas** invitées.*

 Si les deux sujets sont identiques, il faut utiliser « sans + infinitif » :
*Il est entré **sans avoir** frappé à la porte.*

■ La concession peut être introduite par une préposition.

• « **Malgré** », « **en dépit de** », « **sans** » sont suivis d'un nom :

> *Malgré son air farouche, c'est un gentil garçon.*
> *En dépit de l'indifférence qu'elle lui montrait, il ne cessait de l'aimer.*
> *Ils sont sortis **sans** l'autorisation de leur père.*

■ La concession peut être introduite par un mot de liaison.

• « **Mais** », « **pourtant** », « **cependant** » sont les plus courants :

> *Il est sorti dans le froid ; **pourtant** le médecin le lui avait interdit.*

• « **Néanmoins** », « **toutefois** » sont d'un niveau de langue soutenu :

> *Beaucoup de mesures ont été prises pour réduire le chômage.*
> *Néanmoins/toutefois, il ne cesse d'augmenter.*

1   **Conjuguez les verbes au mode et au temps qui conviennent.**

1. Bien que *(être)* _____ une ville médiévale, il y a beaucoup d'immeubles modernes.

2. Ce magasin a beaucoup de clients, même si les vendeurs *(ne pas être)* _____ aimables.

3. Quoique des accords de paix *(signer)* _____ l'an dernier, la tension dans la région persiste.

4. Je lui envoie une lettre de temps en temps, bien qu'elle *(écrire)* _____ jamais.

5. Elle paraît jeune même si elle *(fêter)* _____ ses quarante ans le mois dernier.

2   **Reliez les deux phrases en introduisant « sans que ».**

1. Il est passé près de moi. Je ne l'ai pas vu.

_____

2. Les voleurs lui ont pris son sac. Elle n'a pas eu le temps de réagir.

_____

3. Le professeur les a punis collectivement. Il n'a pas cherché à connaître l'origine du chahut.

_____

4. Ils se sont mariés. Personne ne le savait.

_____

3   **Utilisez « malgré » ou « en dépit de » pour exprimer une concession ; faites les transformations nécessaires.**

1. Il fait froid. Il est sorti sans manteau.

_____

2. Il y a de nombreuses recherches sur la maladie. Aucun vaccin n'a été trouvé.

_____

3. Les prix augmentent. Les gens continuent de consommer.

_____

4. Son propriétaire a menacé de le poursuivre en justice. Il ne paye toujours pas son loyer.

_____

5. Ce film a reçu de mauvaises critiques. Il a eu du succès auprès du grand public.

_____

4   **Complétez les phrases pour exprimer une concession.**

1. Il avait promis de venir me voir mais _____

2. Les voitures polluent les villes ; pourtant _____

3. Elle se plaignait toujours de rester seule ; cependant _____

4. Les gens se disent volontiers écologistes. Néanmoins _____

5. Il devint aveugle à l'âge de trente ans. Toutefois _____

L'EXPRESSION du BUT

> Ils nous ont téléphoné **pour que** nous allions dîner avec eux.
> Elle est venue **pour** s'excuser.
> Ils ont préféré rester à la maison **de peur qu'**il (ne) fasse de l'orage.

 Le but peut être exprimé par une conjonction. Le résultat souhaité étant possible mais pas certain, il est exprimé au subjonctif.

- « **Pour que** » et « **afin que** » n'ont pas de nuance particulière :

   *Ses parents l'ont envoyé très jeune en France **pour qu**'il **puisse** bien parler la langue.*

   ⚠ Si les deux sujets sont identiques, il faut employer « pour » + infinitif ou « afin que » + infinitif (voir page 76) :
   *On a mis un canapé-lit dans le salon **pour** y **faire** dormir nos amis de passage.*

- Quand il y a deux buts exprimés, le second but est introduit seulement par « **que** » :

   *Elle a fait des courses **pour que** nous ayons quelque chose à manger et **que** nous ne soyons pas obligés d'aller en faire en arrivant.*

- « **Pour que… ne… pas** », « **de peur que…** » expriment un but qu'on veut éviter :

   *Ils parlaient bas **pour qu**'on **ne** les entende **pas**.*

   *Nous partirons tôt **de peur qu**'il (n) y ait des embouteillages.*

   ⚠ Si les deux sujets sont identiques, il faut employer « pour ne pas » + infinitif, « de peur de » + infinitif) :
   *Nous sommes rentrés sur la pointe des pieds **pour ne pas** les réveiller.*
   *J'ai pris de l'aspirine **de peur d**'avoir mal à la tête.*

 Le but peut être exprimé par une préposition.

- « **Pour** », « **de peur de** » sont obligatoirement suivis de l'infinitif lorsque les sujets sont identiques :

   *J'ai réservé un mois à l'avance **pour être** sûr d'avoir des places.*

   *Je lui ai téléphoné avant de partir **de peur de ne pas le trouver** chez lui.*

- « **Pour** », « **de peur de** » peuvent être suivis d'un nom :

   *J'aimerais un produit efficace **pour l'entretien** de la moquette.*

   *Ils ne sont pas sortis en bateau **de peur d'une tempête**.*

1 Complétez en utilisant le temps et le mode qui conviennent.

1. Ils ont entouré leur maison d'une barrière pour que les animaux *(ne pas pouvoir)* _____ pénétrer dans le jardin.

2. Laisse le plat dans le four pour qu'il *(ne pas refroidir)* _____ .

3. Ils ont installé un foyer dans l'école pour que les élèves *(aller)* _____ s'y reposer à l'heure du déjeuner.

4. Nous leur avons prêté une boussole afin qu'ils *(ne pas se perdre)* _____ dans la forêt.

4. Ils continueront leur enquête afin que la vérité *(être)* _____ connue.

2 Subjonctif ou infinitif ? Reliez les phrases suivantes comme dans le modèle.

Elle m'a envoyé une carte. Elle m'invite à son mariage.
→ *Elle m'a envoyé une carte pour / afin de m'inviter à son mariage.*

Elle m'a envoyé une carte. Je vais la chercher à l'aéroport.
→ *Elle m'a envoyé une carte pour que / afin que j'aille la chercher à l'aéroport.*

1. Ils ont acheté une voiture. Ils peuvent aller voir leurs parents le dimanche.

_____

2. Le moniteur a ajouté un entraînement. Les joueurs seront prêts pour le match.

_____

3. Il lui a prêté un maillot de bain. Il ira à la piscine.

_____

4. J'ai mis deux pulls. Je n'aurai pas froid.

_____

3 Complétez les phrases suivantes.

1. Elle a caché sa robe de peur que _____

2. Il a emporté des chèques de voyage pour ne pas _____

3. Ils n'ont rien dit à leurs parents de peur que _____

4. J'ai pris de l'essence pour ne pas _____

4 Complétez avec le mot qui convient :

préparation – achat – repassage – dépannage.

1. Elle m'a conseillé un produit pour _____ des chemises.

2. J'ai appelé un spécialiste pour _____ rapide du lave-linge.

3. Ils se sont réunis pour _____ de la conférence.

4. Il m'a donné le nom d'un magasin pour _____ d'un bon ordinateur.

26 L'EXPRESSION de LA CONDITION et de L'HYPOTHÈSE

> **Si** j'**ai** le temps, je **passerai** vous voir.
> **Si** on **avait** une voiture, on **irait** te chercher à la gare.
> **Pourvu que** le temps le **permette**, nous **sortirons** en mer.

LA CONDITION exprime qu'un fait ou un état est indispensable pour qu'**en conséquence**, un autre fait ou état existe.

■ Elle est introduite par « si » et la conséquence est exprimée à l'indicatif.
> *S'il **fait** beau, on **ira** à pied.*

• La condition se situe dans le **présent** ou le **passé**, la conséquence se situe dans le **futur** :
> *Si vous **acceptez** notre offre, nous **signerons** le contrat dès demain.*

• La condition et la conséquence se situent dans le **futur** :
> *Si j'**ai** de l'argent* [demain], *je t'**inviterai** au restaurant.*

■ La condition peut être aussi introduite par des conjonctions suivies du subjonctif :
> *Vous aurez la paix **à condition que** vous vous **taisiez**.*
> *Nous ferons du ski **pourvu qu'**il y **ait** de la neige.*

L'HYPOTHÈSE exprime qu'un fait ou un état est imaginé. Sa conséquence est donc éventuelle :
> *Si tu arrivais assez tôt, nous pourrions dîner ensemble.*

■ Elle est introduite par « si » et la conséquence est exprimée au conditionnel.

• L'hypothèse et la conséquence se situent dans l'**avenir** :
> *Si vous **veniez** me voir* [demain, dans un mois], *ça me **ferait** plaisir* [alors].

• L'hypothèse et la conséquence se situent dans le **présent** :
> *Si j'**avais** de l'argent sur moi* [là, maintenant], *je te le **prêterais*** [là, maintenant].

• L'hypothèse et la conséquence se situent dans le **passé** :
> *Si vous **étiez venus*** [hier], *vous m'**auriez fait** plaisir* [à ce moment-là].

• L'hypothèse se situe dans le **passé**, la conséquence dans le **présent** :
> *Si j'**avais touché** ma bourse* [hier], *je t'**aurais invité** à dîner* [maintenant].

• L'hypothèse est *intemporelle*, la conséquence est dans le **passé** :
> *Si j'**étais** moins distrait, je n'**aurais** pas **eu** cet accident.*

■ L'hypothèse peut être introduite par d'autres conjonctions :

• « **au cas où** » + conditionnel :
> *Au cas où il n'y **aurait** pas de taxis, appelez-nous de la gare.*

• « **en supposant que** » + subjonctif ; « **en admettant que** » + subjonctif :
> *En supposant que vous la **rencontriez**, ne lui parlez pas de moi.*

1   Utilisez le temps qui convient pour exprimer la condition et sa conséquence.

1. Si vous *(être)* _____ d'accord, vous *(partir)* _____ ensemble le week-end prochain.

2. Si vous *(envoyer)* _____ une lettre aujourd'hui, vous *(avoir)* _____ une réponse demain.

3. Ce soir, si la télévision *(donner)* _____ un bon film, nous le *(regarder)* _____ .

4. Si son état *(ne pas s'améliorer)* _____ avant la fin du mois, on *(devoir)* _____ l'hospitaliser.

2   Utilisez le temps qui convient pour exprimer l'hypothèse et sa conséquence.

1. Si elle *(se décider)* _____ avant la fin de la semaine, on y *(voir)* _____ plus clair.

2. Si Paris *(être)* _____ au bord de la mer, nous *(pouvoir)* _____ faire du bateau.

3. Si la boulangerie *(être)* _____ ouverte, je *(aller)* _____ acheter du pain frais.

4. Si tu me *(appeler)* _____ hier matin, nous *(pouvoir)* _____ passer la soirée ensemble.

5. Si tu *(travailler)* _____ dès le début du semestre, tu *(réussir)* _____ .

6. Si elle *(recevoir)* _____ un chèque de sa famille, elle *(rembourser)* ses dettes aujourd'hui même.

7. Si je *(être)* _____ moins paresseux, je *(participer)* _____ au marathon dimanche dernier.

8. Si elle *(ne pas être)* _____ toujours de mauvaise humeur, elle *(avoir)* _____ plus d'amis.

3   Mettez les verbes au mode et au temps qui conviennent.

1. Il vaut mieux emporter des devises au cas où les banques *(être fermé)* _____ à votre arrivée.

2. Vous irez mieux à condition que vous *(prendre)* _____ régulièrement les médicaments.

3. Vous pourrez prendre le train pourvu que vous *(réserver)* _____ une place avant de partir.

4. J'irai lui rendre visite en supposant qu'elle *(vouloir)* _____ bien me recevoir.

5. Prends les clés au cas où je *(arriver)* _____ tard.

6. En admettant que vous *(avoir)* _____ raison, la question n'est pas résolue.

27

LA MODALISATION

DÉFINITION

La modalisation est la marque par laquelle le sujet qui parle donne aux mots qu'il utilise diverses nuances. Et selon l'utilisation qu'il en fait, on peut dire :

– qu'il adhère à ce qu'il dit :

> C'est **tout à fait** vrai.

– qu'il prend de la distance par rapport à ce qu'il dit :

> Il est **possible** que ce soit vrai.

– qu'il n'apparaît pas dans ce qu'il dit :

> C'est exact.

 Entre ces différentes positions, plusieurs nuances peuvent exister. Par exemple, dire : « *Je suis **favorable** à ce projet.* », c'est bien sûr une façon d'exprimer son accord, mais ce n'est pas encore donner son acceptation. Dire : « C'est **sans doute** de la malhonnêteté. » n'est pas la même chose que dire : « C'est de la malhonnêteté. »

LA MODALISATION peut être utilisée dans de nombreux cas.

Cas de l'**affirmation** et de la **négation**

- La réponse peut être nuancée de la manière suivante :

> – Tu ne vas pas lui répéter ce que je t'ai dit ?
>
> – Bien sûr que non.
> – Certainement pas.
> – Non.
> – Mais pas du tout.
> – Absolument pas. – Sûrement pas.

> – Tu l'invites à ton anniversaire ?
>
> – Bien sûr que oui.
> – Certainement.
> – Oui.
> – Évidemment.
> – Naturellement.
> – Absolument

- La nuance peut exprimer le **doute**, l'**incertitude**, le fait de ne pas savoir exactement.

> Elle vient ?
>
> – Peut-être. – C'est possible. – Ce n'est pas impossible.
> – C'est à voir. – On verra bien.
> – Je ne sais pas. – Je n'en suis pas sûr.
> – Ça m'étonnerait (fort). – Qui sait ?
> – Dieu seul le sait. – Elle hésite. – Sans doute.

1 À partir de ces questions, répondez de façon positive en utilisant toutes les possibilités de modalisation que vous connaissez.

1. – Elle a réussi ? – _____

2. – Il est guéri ? – _____

3. – Elle reviendra ? – _____

4. – Elle acceptera ? – _____

5. – Il partira ? – _____

6. – Ils vous attendront ? – _____

2 À partir des questions suivantes, répondez de façon négative en utilisant toutes les possibilités de modalisation que vous connaissez.

1. – Elle ne viendra pas ? – _____

2. – Elle n'a pas téléphoné ? – _____

3. – Il n'a pas avoué ? – _____

4. – Il n'a pas donné signe de vie ? – _____

5. – Elle ne le quittera pas ? – _____

6. – Il ne lui dira rien ? – _____

3 À partir des questions suivantes, répondez de façon à exprimer l'incertitude en utilisant tous les moyens dont vous disposez.

1. – Il n'est pas guéri ? – _____

2. – Elle recommencera ? – _____

3. – Ils ne se quitteront pas ? – _____

4. – Ils se marieront bientôt ? – _____

5. – A-t-elle donné signe de vie ? – _____

6. – Ils t'attendront ? – _____

4 À partir de l'état donné (« il a de la fièvre »), exprimez les nuances intermédiaires qui vous conduiront à la négation de l'état initial (« il n'a pas de fièvre »).

Il a de la fièvre. → *Il est probable qu'il ait de la fièvre. Il n'est pas certain qu'il ait de la fièvre. Il n'a pas de fièvre.*

1. – Il est fiévreux. _____

2. – Il fait une dépression nerveuse. _____

3. – Il fait un froid de canard. _____

4. – Ce sera une bonne année pour les vins de Bordeaux. _____

5. – C'est vrai. _____

LA MODALISATION

■ Cas de ce qui « **est** », de ce qui « **existe** » (domaine de l'Être et du Réel).

• À « être » et à « réel » s'opposent « ne pas être » et « irréel ».
Entre ces pôles s'étend une continuité linguistique qui sert à exprimer l'**incertitude**, l'**apparence** : *paraître, avoir l'air, sembler, avoir l'apparence de, ressembler à, etc.*

Elle est malade.	Elle paraît/semble malade. Il semble qu'elle soit malade. Elle a l'air malade. On dirait qu'elle est malade. J'ai l'impression qu'elle est malade.	Elle a failli être malade. (mais elle ne l'a pas été)	Elle n'est pas malade. Elle est en bonne santé.

ÊTRE ——————→ INCERTITUDE ——————→ NE PAS ÊTRE

■ Cas du « **croire** » et du « **savoir** » (domaine de la pensée)

• À « je crois » et « je sais » s'opposent « je ne crois pas » et « je ne sais pas » ou « j'ignore ».
Entre ces pôles s'étend une continuité linguistique qui sert à exprimer le **doute**, l'**incertitude** : *je doute, je ne suis pas sûr que, je me demande si, je ne crois pas que, etc.*

J'ignore s'il a réussi.	Je doute qu'il ait réussi. Je me demande s'il a réussi. Je ne crois pas qu'il ait réussi. Il y a peu de chances pour qu'il ait réussi.	Il se peut qu'il ait réussi. Il doit avoir réussi. Je crois qu'il a réussi. Il y a des chances qu'il ait réussi.	Je sais qu'il a réussi.

JE NE CROIS PAS
JE NE SAIS PAS ——————→ INCERTITUDE ——————→ JE CROIS
JE SAIS

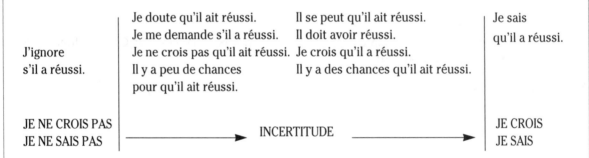

■ Cas du « **dire** » et du « **faire** »

• À « dire » et à « faire » s'opposent « ne pas dire » et « ne pas faire ». Entre les deux se trouvent toutes les nuances qui conduisent de l'un à l'autre.

Se taire.	Refuser de dire. Rester muet. Ne pas desserrer les dents Refuser de parler.	Ne pas oser dire. Hésiter à dire.	Suggérer. Insinuer. Prétendre.

NE PAS DIRE ——————→ NUANCES ——————→ DIRE

1   **A. Exprimez votre incertitude quant aux affirmations suivantes.**

1. Il a échoué dans sa tentative de record. _____

2. Elle a réussi son examen de passage. _____

3. Il est guéri. _____

4. Elle a été retrouvée. _____

5. Il est coupable. _____

6. Il sera condamné. _____

   B. Exprimez votre ignorance quant aux affirmations précédentes.

2   **Modalisez comme vous le voulez les phrases suivantes, mais en indiquant la nature de la nuance choisie.**

1. Il a dit qu'il avait vu un des voleurs. _____

2. Elle a dit qu'elle avait été malade. _____

3. Il a répondu aux accusations. _____

4. Ces preuves ont permis l'arrestation des malfaiteurs. _____

5. Ce film a été interdit par la censure. _____

6. Je vous permets de sortir ce soir. _____

3   **Modalisez les phrases suivantes de manière à exprimer que vous ne croyez pas ou que vous ne savez pas.**

1. Je crois dans ses chances de réussite. _____

2. Je crois qu'il arrivera à temps. _____

3. Je crois en lui. _____

4. Je sais qu'elle viendra. _____

5. Cet enfant sait lire. _____

6. La femme de l'ambassadeur savait recevoir. _____

4   **Modalisez les phrases suivantes en exprimant votre refus de dire ou votre hésitation à dire.**

1. Il a fini par répondre aux questions du juge. _____

2. Elle a dit tout ce qu'elle savait sur cette affaire. _____

3. Ils ont avoué à leurs parents qu'ils avaient menti. _____

4. Elle avait prétendu avoir été attaquée. _____

5. Il a fait comprendre qu'il voulait réunir le personnel. _____

• Avant de «faire» ou «ne pas faire», il y a tout ce qui est lié au **«vouloir»**, au **«pouvoir»** et au **«devoir»**, qui est lié non pas à l'action, mais au sujet : au «je».

	J'aimerais				J'ai l'obligation	FAIRE
JE	————	VEUX	————	PEUX	———— DOIS ——→	|
	J'ai envie de		Je pourrais		Il faudrait	NE PAS FAIRE
	Je voudrais		J'ai la possibilité de		Il faut	

◄———————————————— NUANCES ————————————————►

• L'expression du **«vouloir»** peut se faire avec des verbes comme : *avoir envie de, désirer, souhaiter, exiger, avoir l'intention de*, etc.

> *J'ai envie de partir loin, loin, très loin.*
> *J'ai l'intention de me présenter aux prochaines élections.*

 Ces verbes construits avec « que » appellent le subjonctif :
Je désire que vous restiez avec moi.
J'exige que vous lui fassiez des excuses.

• Entre **«je peux»** et **«je ne peux pas»**, il existe des nuances.

> *Je suis autorisé à…* ≠ *Il m'est interdit de…*
> *J'ai le droit de…* ≠ *Il est défendu de…*
> *Il m'est permis de…* ≠ *Il ne m'est pas permis de…*

 La possibilité de «faire» ou de «ne pas faire» ne dépend pas de moi (je). Elle m'est imposée de l'extérieur.

• L'expression de l'**éventualité**, du **«pouvoir»** peut se faire avec des verbes tels que : *devoir, être en mesure de, être capable de, avoir la possibilité de, il est possible de/que, il se peut que*, etc.

> *Elle a dû manquer le dernier métro.*
> *Je suis en mesure de vous dire qui est coupable.*
> *Il se peut que vous ayez un virus.*

Le contraire **«ne pas pouvoir»** peut s'exprimer avec les verbes précédents à la forme négative et avec : *avoir du mal à, avoir des difficultés à, ne pas avoir les moyens de*, etc.

> *Elle a du mal à récupérer de son opération.*
> *Il a des difficultés à comprendre que les temps ont changé.*

 La possibilité appelle le subjonctif.
La probabilité appelle l'indicatif
Il est possible qu'il guérisse.
Je pense qu'il peut guérir (qu'il guérira).
Il est probable qu'il guérira.
Je pense qu'il guérira.

1   **Exprimez votre souhait de réaliser les projets suivants.**

1. Aller voir les Pyramides d'Égypte
2. Descendre les gorges du Tarn en canoë
3. Explorer les grottes de la Pierre-Saint-Martin (Pyrénées)
4. Faire de la poterie
5. Travailler avec Médecins sans frontières
6. Monter sa propre entreprise

2   **À l'aide des verbes « pouvoir » et « devoir », faites sur ces phrases toutes les modalisations possibles.**

1. L'opération réussira.

_____

2. L'évacuation des populations sera terminée en fin de journée.

_____

3. L'électricien a été contaminé par de l'amiante.

_____

4. Les disparus n'ont pas été retrouvés.

_____

5. Le record de l'heure n'a pas été battu par le cycliste britannique.

_____

6. L'opération de récupération n'a pas réussi.

_____

3   **Complétez les phrases suivantes pour exprimer que l'interdiction ou l'autorisation ne vient pas de vous.**

1. Je suis autorisé … à construire sur ce terrain.
2. J'ai le droit de refaire du sport …
3. Il m'est interdit d'entrer dans un casino …
4. J'ai l'autorisation de sortir jusqu'à minuit …
5. Fumer m'est interdit …

4   **Modalisez les phrases suivantes de manière à exprimer la possibilité, l'éventualité.**

1. Elle a sauté par la fenêtre. _____
2. Il a couru le 100 mètres en 9 secondes. _____
3. Il a cassé le vase de Soissons. _____
4. Je n'ai pas pu entrer à l'exposition. _____
5. Il n'a pas pu répondre à leurs questions. _____

- « **Devoir** » est une modalisation polysémique :

    *Je **dois** aller la voir une fois par semaine.*

    = parce que c'est mon devoir d'y aller. Dans ce cas l'**obligation** vient du sujet « je ». Cette obligation correspond à une **éthique personnelle**.

ou = parce que les circonstances extérieures me l'imposent. Dans ce cas l'**obligation** vient de l'**extérieur** (je dois y aller parce que ce jour-là le médecin vient, ordonne de nouveaux médicaments que je vais chercher, etc., ainsi a été prévue l'organisation…)

- L'expression de l'obligation peut aussi se faire avec des tournures impersonnelles : *il faut que, il est indispensable que, il est souhaitable que, il est impératif que, il vaut mieux que,* etc. Comme avec « devoir » il faut utiliser le **contexte** pour savoir si l'obligation vient du « je » ou si elle est imposée par l'extérieur :

    Il faut que je parte tôt demain matin

        = *parce que c'est un but que je me suis fixé.*

    ou   = *parce que les circonstances extérieures l'imposent.*

- « **Je m'oblige à faire/à dire quelque chose** » indique clairement que l'obligation vient du « je » mais l'obligation n'est pas liée à la morale mais correspond à des règles de vie que le sujet s'impose :

    Je m'oblige à boire du lait tous les jours [parce qu'il contient du calcium qui est bon pour la santé].

- « Je suis obligé par quelqu'un de faire ou de dire quelque chose » indique clairement que l'obligation est imposée par l'extérieur :

    Il est obligé par sa société de faire un stage d'informatique tous les ans.

- « **Devoir** » peut aussi exprimer la probabilité :

    *Il est midi : il **doit** être arrivé* [il est très probable qu'il est arrivé].

    *Il est midi : il **devrait** arriver sans tarder* [il est très probable qu'il arrivera sans tarder].

1 Exprimez, à partir des éléments suivants, que l'obligation vient de l'extérieur et complétez la phrase pour donner un contexte.

Composter ses billets → *Il est indispensable que vous compostiez vos billets avant de monter dans le train sinon vous risquez d'avoir une amende.*

1. Passer une visite médicale.

_____

2. Être vacciné contre la typhoïde.

_____

3. Avoir un visa.

_____

4. S'inscrire avant le 15 juin.

_____

2 Exprimez, à partir des éléments suivants, que l'obligation vient du sujet « je » et complétez la phrase pour donner un contexte.

Obligation de prendre de la vitamine C tous les matins, en hiver → *Je m'oblige à prendre de la vitamine C tous les matins en hiver pour éviter les rhumes.*

1. Obligation de faire du sport tous les jours.

_____

2. Obligation de lire avant de s'endormir.

_____

3. Obligation de dormir huit heures par jour.

_____

4. Obligation de ne pas accumuler du courrier.

_____

3 Exprimez, à partir des phrases suivantes, l'éventualité avec probabilité plus ou moins forte.

1. Il est loin, à l'heure qu'il est.

_____

2. Il a fait très froid cette nuit.

_____

3. Elle est certainement belle pour être ainsi adorée.

_____

4. Vous avez souffert avec ce zona.

_____

• « **Faire** » lié aux **cinq sens** : *écouter, entendre, sentir, voir, regarder*. Par exemple, entre « **voir** » et « **ne pas voir** » il existera des nuances.

NE PAS VOIR	Ne pas vouloir voir – J'ai failli voir – Apercevoir – Ne pas hésiter à voir Se refuser à voir – Entrevoir Être aveuglé par – Hésiter à voir – Croire voir – Distinguer	VOIR
	⟶ NUANCES ⟶	

Je n'ai pas voulu voir l'ironie insolente qu'il y avait dans sa réponse.
J'ai cru voir une lueur de haine briller dans son regard.
J'ai entrevu sa silhouette. C'était suffisant pour la reconnaître.
Je n'hésiterai pas à voir dans cette proposition de loi une manœuvre politique.

 Cas du **jugement de valeur**, de l'**appréciation**

• Jugements **moraux**, **esthétiques**, **intellectuels**

– bien ≠ mal ; juste ≠ injuste ; confiance ≠ défiance ; etc.
   Il est injuste de faire payer les plus défavorisés.
– beau ≠ laid : *Je trouve ce tableau laid.*
– correct ≠ incorrect : *Il n'est pas correct d'agir ainsi.*
– normal ≠ anormal : *Il est normal de pouvoir s'exprimer.*
– opportun ≠ inopportun : *Il sera opportun de revoir la loi.*
– utile ≠ inutile : *Il est inutile de continuer les recherches.*
– vrai ≠ faux : *Il est faux de dire que la réforme a été faite pour les défavorisés.*

⚠ La langue est pauvre en nuances intermédiaires. Cependant il en existe comme : *ce n'est ni bien, ni mal – ce n'est ni juste, ni trop injuste – c'est quelconque – c'est entre les deux. – indifférent* – etc.

• Jugements sur les **perceptions sensibles**, les **émotions**, les **sentiments**

– bon ≠ mauvais : *C'est très **bon**. Pouah ! **Infâme** ! Très **mauvais**.*
– plaisir ≠ dégoût : *Un vrai **plaisir** ! Le **dégoût** absolu !*
– amour ≠ haine : *C'est l'**amour** de ma vie. J'ai plus que de la **haine** envers lui.*
– joie ≠ tristesse : *J'ai la très grande **joie** de vous annoncer que…*
– enthousiasme ≠ abattement : *Après l'accident, elle était très **abattue**.*
– dynamisme ≠ apathie : *Elle a un **dynamisme** extraordinaire !*
– sympathie ≠ antipathie : *J'ai plus que de la **sympathie** pour elle.*

 La modalisation peut ne pas être exprimée par des éléments linguistiques. Elle sera alors exprimée par de « l'extra-linguistique » : intonation, geste, regard, etc.
Vous vous en apercevrez bientôt. Phrase non marquée linguistiquement. Selon la situation de communication cette phrase peut signifier une menace, un avertissement, une promesse, etc.

1   **Nuancez les phrases suivantes.**

1. J'ai vu le bus s'arrêter. _____

2. J'ai vu le rocher du cap Horn. _____

3. Vous avez vu vos concurrents. _____

4. J'ai vu l'orage arriver. _____

5. Je n'ai pas vu le coup venir. _____

6. J'ai été très sensible à son charme. _____

7. Vous n'avez pas entendu mes conseils. _____

8. J'ai écouté vos conseils. _____

2   **Faites des phrases qui porteront un jugement sur :**

1. une cause juste – une cause injuste → *Je ne veux pas défendre une cause injuste.*

2. un beau tableau – une (statue) sculpture laide

_____

3. une attitude normale – une attitude anormale

_____

4. un bon repas – un mauvais repas

_____

5. une joie – une tristesse

_____

6. l'amour – la haine

_____

7. un rapport vrai – une affirmation fausse

_____

3   **Complétez les phrases suivantes.**

1. Cette pièce est mauvaise _____

2. J'ai la tristesse de constater que _____

3. Il est incorrect de _____

4. Il est anormal de _____

5. Il est inopportun de _____

6. Il sera utile de _____

7. Il est vrai que _____

8. Il se pourrait que _____

9. Je n'apprécie pas de devoir _____

1 Exprimez l'opposition entre les deux propositions données avec les conjonctions ou prépositions qui conviennent.

1. Le Massif central, les Vosges sont des montagnes anciennes. _____ les Alpes sont des montagnes jeunes.

2. Ils assistaient au match _____ elles prenaient le thé dans un salon de la ville.

3. _____ de t'énerver, lis plutôt la notice explicative.

4. _____ à elle, il aime la vieille maison de famille, au bord de la mer.

5. Il ne gagne pas bien sa vie. _____ travaille dur.

6. Elle était végétarienne, lui _____ était un amateur de bonnes viandes.

7. Je n'assisterai pas à la messe de mariage. _____ j'irai à la mairie.

2 Exprimez la concession entre les éléments donnés avec les conjonctions ou prépositions qui conviennent.

1. Il se défend toujours _____ ait souvent tort.

2. Il l'aime _____ il ne veut pas se marier avec elle.

3. C'était un excellent joueur _____ n'ait pas fait une grande carrière internationale.

4. _____ il n'a pas été sélectionné, il reste un excellent joueur.

5. Ils ont vendu l'usine _____ les ouvriers l'aient su.

6. _____ son courage, il ne remarchera pas, il restera handicapé.

7. Je crois en lui, _____ j'ai des doutes sur la réussite de son prochain projet.

3 Faites les phrases de votre choix avec les éléments donnés pour exprimer la concession.

1. Bien que _____

2. _____ quoique _____

3. _____ sans que _____

4. Malgré _____

5. Sans _____

6. _____ cependant _____

7. Même si _____

8. _____ en dépit de _____

4 Complétez ces phrases avec les conjonctions qui conviennent pour exprimer le but et mettez les verbes au mode convenable.

1. Elle est allée aux États-Unis _____ son enfant *(pouvoir être soigné)* _____.

2. Il leur a tout écrit _____ *(savoir)* _____ la vérité.

3. On a fait creuser une cave _____ (y mettre) _____ le vin à vieillir.

4. Elle lui a acheté un billet de train _____ (pouvoir économiser) _____ son

   argent et _____ (en avoir assez) _____ pendant son séjour à l'étranger.

5. J'ai quitté le groupe _____ (avoir) _____ des ennuis avec la police.

5 Complétez ces phrases comme vous l'entendez en exprimant la condition.

1. _____ je t'en aurais donné.

2. _____ je n'aurais pas fait tant de fautes à la dictée.

3. _____ à la fin de la semaine j'aurais fini.

4. _____ ça ne me ferait pas plaisir du tout.

5. _____ je ferais une fête gigantesque.

6. _____ vous m'auriez trouvé sur un lit d'hôpital.

6 Complétez les phrases suivantes.

1. Si sa santé est meilleure _____

2. Si j'ai l'autorisation _____

3. À condition que _____

4. Ne dites rien au cas où _____

5. Si je gagnais aux courses _____

6. Pourvu que vous ne passiez pas par la forêt _____

7. Supposons que le triangle soit rectangle _____

8. À supposer qu'il vienne _____

7 Soulignez dans ce texte les élément modalisateurs.

La France est, dit-on, en crise. Il semble que la production soit en baisse et le diagnostic fait aujourd'hui, presque, l'unanimité dans les milieux politiques et syndicaux. Certains n'hésitent pas à opérer un parallèle entre la situation actuelle de l'Europe et celle des années 30 aux États-Unis. En dépit de ce bel unanimisme la France n'est pas vraiment en déflation. L'Europe non plus d'ailleurs. Deux fantasmes semblent alimenter, en France plus qu'ailleurs, le débat et les politiques économiques. Il y a ceux qui continuent, à tort ou à raison, de craindre une montée excessive des prix. Il y a ceux qui à tort ou à raison s'inquiètent de la baisse des prix et de ses conséquences. Les uns et les autres se trompent, sans doute, d'époque.

LA CONCORDANCE DES TEMPS

███████ **TEMPS de la PROPOSITION PRINCIPALE
et TEMPS de la PROPOSITION SUBORDONNÉE**

Proposition principale (moment de la parole)		Proposition subordonnée (discours indirect)	
Indicatif		Indicatif	
A. Le verbe est au présent ou au futur simple il dit | je sais il dira | je saurai	**1.** Action simultanée présent	qu'il fait beau (s'il fait beau)	
	2. Action antérieure passé composé passé récent	qu'il a fait beau qu'il vient de faire beau	
	3. Action postérieure futur simple futur proche	qu'il fera beau qu'il va faire beau	
B. Le verbe est au passé composé, imparfait, passé simple il a dit | j'ai su il disait | je savais il dit | je sus	**1.** Action simultanée imparfait	qu'il faisait beau	
	2. Action antérieure plus-que-parfait plus-que-parfait récent	qu'il avait fait beau qu'il venait de faire beau	
	3. Action postérieure conditionnel présent futur proche dans le passé	qu'il ferait beau qu'il allait faire beau	
Indicatif		Subjonctif	
il dit que | je veux je voudrai je voudrais j'aurais voulu j'ai voulu je voulais je voulus j'avais voulu	**1.** Action simultanée ou postérieure présent du subjonctif **2.** Action antérieure passé du subjonctif	qu'il parle qu'il soit parti	

■ Si le temps du verbe de la principale change, le temps du verbe de la subordonnée change aussi car il dépend du temps du verbe de la principale.

Temps du verbe de la prop. principale	Exemples		Temps du verbe de la prop. subordonnée
1. Présent	je sais il dit	qu'il vient	présent
Passé	j'ai su il a dit je savais il disait j'avais su il avait dit	qu'il venait	imparfait
2. Présent	je sais je dis	qu'il viendra	futur
Passé	j'ai su il a dit je savais il disait j'avais su il avait dit	qu'il viendrait	conditionnel
3. Présent	je sais il dit	qu'il est venu qu'il venait	passé composé ou imparfait
Passé	j'ai su il a dit je savais il disait	qu'il était venu qu'il venait qu'il viendrait	plus-que-parfait imparfait futur dans le passé
4. Présent	il dit que je veux	qu'il vienne	subjonctif
Passé	il dit que j'ai voulu je voulais j'avais voulu	qu'il vienne	subjonctif

■ Dans les SUBORDONNÉES DE TEMPS, l'action peut être :

    1. simultanée (avoir lieu en même temps que celle de la principale),

    2. antérieure (avoir lieu avant celle de la principale),

    3. postérieure (avoir lieu après celle de la principale).

1. Les conjonctions employées nuancent l'expression de la **simultanéité** :

    1. simultanéité simple : *quand, comme, alors que, chaque fois que…*

    2. simultanéité + durée : *pendant que, tandis que, depuis que…*

    3. simultanéité + progression : *au fur et à mesure que…*

    Quand je fais la vaisselle, je casse une assiette ou un verre.

2. Si l'action de la subordonnée est **antérieure** à celle de la principale, les conjonctions les plus employées sont : *quand, depuis que, dès que, aussitôt que, chaque fois (une fois) que,* etc.

    Quand je lis un livre ennuyeux, je m'endors.

• Dans ces deux cas, les verbes sont à l'**indicatif** :

Principale / Subordonnée	je casse	j'ai cassé	je cassais	j'avais cassé	je cassai	je casserai	j'aurai cassé
Quand : je fais	+						
j'ai fait		+					
je faisais		+	+		+		
j'avais fait				+			
je fis					+		
je ferai						+	
j'aurai fait							+

Seules les combinaisons les plus courantes sont indiquées dans ce tableau.

3. Dans les subordonnées de temps, l'action de la subordonnée peut être **postérieure** à celle de la principale.

• Les principales conjonctions utilisées sont : *avant que, en attendant que, jusqu'à ce que,* etc. Ces conjonctions appellent le **subjonctif** :

   Il faudra du temps avant qu'elle (ne) **guérisse***.*

Principale / Subordonnée	il faut du temps	il a fallu du temps	il fallait du temps	il avait fallu du temps	il fallut du temps	il faudra du temps	il aura fallu du temps	il faudrait du temps	il aurait fallu du temps
Avant qu'elle guérisse	+	+	+	+	+	+	+	+	+
Avant qu'elle soit guérie	+	+	+	+	+	+	+	+	+

Exemples :

1. Avant que vous ne partiez, il faudrait bien que vous fassiez une visite à notre vieille cousine.
2. Il faudra beaucoup de temps avant que vous ne remontiez sur des skis.
3. En attendant que vous puissiez reprendre l'entraînement, profitez-en donc pour lire.
4. Faites vos devoirs en attendant que je revienne.
5. Jusqu'à ce que je sois revenu, ne bougez pas d'ici.
6. Je vous retiendrai jusqu'à ce que vous m'ayez dit la vérité.

■ Dans les SUBORDONNÉES DE CAUSE, les principales conjonctions sont : *parce que, puisque, du moment que, comme, d'autant que, étant donné que,* etc.

Les verbes sont à l'**indicatif**.

> *Parce qu'il crie, je me tais.*

« **Parce que** » ne subordonne que l'indicatif et le conditionnel.

« Parce que » ne permet pas la juxtaposition de deux modes.

Principale / Subordonnée	je me tais	je me suis tu(e)	je me taisais	je m'étais tu(e)	je me tus	je me tairai	je me serai tu(e)	je me tairais	je me serais tu(e)
Parce qu' il crie	+	+	+	+	+		+		
il a crié	+	+	+	+			+		
il criait	+	+	+	+	+		+	+	+
il aurait crié		+	+	+	+			+	+
il cria					+				
il criera							+		
il aura crié						+	+		
il crierait								+	
il aurait crié								+	+

Exemples :

1. Ce pauvre enfant pleurait parce qu'il avait peur du docteur.

2. Il a obtenu ce poste parce qu'il a travaillé dur.

3. Du moment qu'il se soigne, il guérira.

4. Étant donné qu'elle est sortie, prenons sa place.

5. Il n'avait aucune raison de m'insulter d'autant que j'avais toujours été correct avec lui.

6. Comme j'avais toujours travaillé, j'avais droit à une pension.

- « **Comme** » permet la juxtaposition de l'indicatif et du subjonctif :
Comme elle l'attend, qu'il fasse vite.
- « **Puisque** » a la même relation de concordance des temps que « comme » :
Puisqu'elle l'attend, qu'il fasse vite.

■ Dans les SUBORDONNÉES DE CONSÉQUENCE, les principales conjonctions sont : *si bien que, de sorte que, de façon, de manière que, si... que, tellement que, tel que*, etc.

Les verbes sont à l'**indicatif** si la conséquence est un fait réel.
*Il boit tellement qu'il en **meurt**.*

Principale / Subordonnée	Il boit	Il a bu	Il buvait	Il avait bu	Il but	Il boira	Il aura bu	Il boirait	Il aurait bu
De telle sorte qu' il en meurt	+	+	+	+	+				
il en est mort	+	+	+	+	+				
il en mourait			+	+	+				
il en était mort			+	+	+				
il en mourut			+	+	+				
il en mourra	+	+	+	+	+	+	+		
il en sera mort	+	+	+	+	+	+	+		
il en mourrait			+	+				+	+
il en serait mort			+	+				+	+

Exemples :

1. Le vent s'est levé si bien que nous sommes restés au port.
2. Il s'est mis à neiger, si bien que nous n'avons pu franchir le col.
3. Laissez-moi votre numéro de téléphone de manière que je puisse vous joindre sans problème. (afin que)
4. Il avait tellement vu d'atrocités qu'il en était devenu vieux avant l'âge.
5. J'agirai de façon telle que les choses restent claires entre nous.

◼ Dans les SUBORDONNÉES DE BUT, les principales conjonctions sont : *pour que, afin que, de peur que, de crainte que, de manière que, de façon que, de sorte que,* etc.

Je lui téléphone pour qu'elle soit rassurée. [dans le but de la rassurer]

Principale / Subordonnée	je lui téléphone	je lui ai téléphoné	je lui téléphonais	je lui avais téléphoné	je lui téléphonai	je lui téléphonerai	je lui aurai téléphoné	je lui téléphonerais	je lui aurais téléphoné
pour qu'elle soit rassurée	+	+	+	+	+	+	+	+	+
pour qu'elle vienne	+	+	+	+	+	+	+	+	+

◼ Dans les SUBORDONNÉES DE CONCESSION, les principales conjonctions sont : *que…, ou que…, soit que…, soit que* + **subjonctif** :

Que vous fassiez bien ou que vous fassiez mal, attendez-vous à être critiqué (vous serez critiqué).

On a la même concordance des temps que dans le tableau ci-dessus. Il en va de même avec :
• La concession portant sur toute la proposition :
bien que, quoique + subjonctif :

Bien qu'il **soit** *malade, il refuse de se soigner.*

• La concession portant sur un attribut, un complément, un adverbe :

Aussi malade qu'il **soit**, *il refuse de se soigner.*
Aussi longtemps que tu **seras** *malade, je te soignerai.*

■ Dans les SUBORDONNÉES DE CONDITION introduites par les conjonctions : *si, même si, sauf si, excepté si*, etc., on a des verbes à l'**indicatif** :

Nature de l'hypothèse	Condition	Conséquence
Certaine	Présent Si je gagne au Loto Si vous sortez avant moi S'il bat le record	Futur j'irai en Chine attendez-moi (= vous m'attendrez) je gagnerai mon pari j'aurai gagné mon pari
Incertaine	Imparfait Si je gagnais au Loto	Futur dans le passé (conditionnel) j'irais en Chine
Non réalisée	Plus-que-parfait Si j'avais gagné au Loto	Futur dans le passé (conditionnel passé) je serais allé en Chine

Avec les conjonctions suivantes on a :
• *Au cas où* + conditionnel :
   *Au cas où vous **changeriez** d'avis, prévenez-moi.*
• *À moins que, à condition que, pourvu que, à supposer que, en admettant que* + subjonctif :
   *En admettant que vous ne **soyez** pas l'assassin, à qui d'autre profiterait le crime ?*

Quand deux propositions conditionnelles se suivent, la deuxième est introduite par *que* + subjonctif :
   *Si elle venait passer ses vacances à la maison et **qu**'elle **vienne** avec ses enfants, j'en serais ravi.*

LA CONSTRUCTION DES VERBES

■ Différence de préposition = Différence de sens

Assister qq'un	*Venir en aide à quelqu'un.*
Assister à qqchose	*Assister à une cérémonie officielle.*
Abuser qq'un	*Tromper quelqu'un.*
Abuser de qqchose	*Abuser de l'alcool et du tabac. Abuser de la bonté de qq'un*
Céder qqchose à qq'un	*Le jeune homme céda sa place à une dame âgée.*
Céder à qqchose	*Céder à la force.*
Changer qqchose	*Changer les meubles de place.*
Changer de qqchose	*Changer de chemise, d'idées, etc.*
Concourir à qqchose	*Participer à la réalisation de ces travaux.*
Concourir pour qqchose	*Passer un concours pour être inspecteur des douanes.*
Convenir à qq'un	*Ce traitement convient au malade.*
Convenir de qqchose	*Se mettre d'accord sur quelque chose.*
Croire qqchose	*Je crois ce qu'il dit.*
Croire à qqchose	*Je crois à la résurrection.*
Croire en qqchose	*Je crois en l'avenir.*
Décider qqchose	*Le maire a décidé la fermeture des bars après 11 h.*
Décider qq'un à qqchose	*Il a décidé sa mère à partir en voyage au Mexique.*
Décider de qqchose	*Le maire a décidé de fermer les bars après 11 h.*
Jurer de faire qqchose	*Je jure de dire la vérité, toute la vérité.*
Jurer avec qqchose	*Ses éclats de rire juraient avec la tristesse de ses yeux.*
Manquer qqchose	*Manquer le train, l'avion, sa vie…*
Manquer de qqchose	*Cet enfant manque de calcium.*
Manquer à qqchose	*Il a manqué à ses devoirs de père.*
Méditer sur qqchose	*Il réfléchit sur la condition humaine.*
Penser à qq'un, à qqchose	*Il pense à ses enfants et à leur avenir.*
Penser qqchose de qqchose	*Que pensez-vous des Affaires ? Je n'en pense rien.*
Penser qqchose de qq'un	*Je ne pense que du bien de cette personne.*
Prétendre qqchose	*Cet homme prétend savoir qui est l'assassin.*
Prêter qqchose à qq'un	*Il a prêté de l'argent à son frère.*
Protester contre qqchose	*Ils ont protesté contre la pollution des centrales nucléaires.*
Réclamer qqchose	*Il faut réclamer l'argent prêté.*
Réclamer contre qqchose	*Il faut réclamer contre toute injustice.*
Réduire à qqchose	*Ils ont été réduits au chômage et à la misère.*
Réduire en qqchose	*La bibliothèque a été réduite en cendres.*
Répondre à qqchose	*Répondre aux questions du public.*
Répondre de qqchose, de qq'un	*Je réponds de lui, de son honnêteté que je garantis.*
Rêver qqchose	*J'ai rêvé que j'étais Président.*
Rêver à qqchose, à qq'un	*J'ai rêvé à la fin du monde. À Marie.*
Rêver de qqchose, de qq'un	*J'ai rêvé de l'Eldorado. De Marie.*
S'accommoder à qqchose	*Il s'accommode à ses conditions de travail.*
S'accommoder de qqchose	*Elle s'accommode de tout.*
Servir qq'un ou qqchose	*Servir ses patrons, la patrie, la cause de la paix.*
Servir de qqchose	*Mon manteau me servait de couverture.*
Tendre qqchose à qq'un	*Il lui a tendu une main secourable.*
Tendre à faire qqchose	*Il essaie de faire croire qu'il n'y a pas de pressions sur la justice.*
Tenir qqchose	*Elle tient très fort son sac pour ne pas se le faire arracher.*
Tenir à qqchose	*Je tiens à ce bijou, il était à ma mère.*
Traiter de qqchose	*Ce livre traite d'économie.*
Traiter de qqchose avec qq'un	*Traiter de la libération des otages avec les terroristes.*

Traiter qq'un de qqchose	*Il l'a traité d'imbécile, d'inutile…*
User qqchose	*Il a usé ses chaussures sur tous les chemins du monde.*
User de qqchose	*Il a usé de la force pour faire reconnaître ses droits.*

■ La préposition dépend de la nature des compléments

Arracher qqchose à qq'un	*Arracher des concessions au patronat.*
	Le dentiste a arraché une dent au patient.
Arracher qqchose de	*Il lui a arraché le couteau des mains.*
Arracher qq'un à qqchose	*Elle m'a arraché à mes occupations.*
Échapper à qq'un à qqchose	*Il a échappé aux gendarmes. Un cri de douleur échappa au blessé.*
Échapper d'un lieu	*S'échapper de prison. Le livre s'échappa de ses mains.*
Emprunter qqchose à qq'un	*Je lui ai emprunté de l'argent.*
Emprunter qqchose de qqchose	*Un mot emprunté de l'arabe.*
Jouer à qqchose	*Jouer à la poupée, aux cartes…*
Jouer de qqchose	*Jouer du piano, de la guitare.*
S'appuyer sur qqchose	*S'appuyer sur une canne, sur une enquête…*
S'appuyer sur qq'un	*Le parti s'appuie sur le Président.*
S'appuyer contre qqchose	*Il était appuyé contre le mur.*

PRINCIPAUX VERBES QUI FONCTIONNENT AVEC UN INFINITIF

■ Verbes + infinitif

• L'infinitif se rapporte au sujet

Accourir faire qch.	*Les pompiers ont accouru éteindre le feu.*
Adorer faire qch.	*Elle adore séduire.*
Aimer faire qch.	*Il aime marcher le long de la plage.*
Aimer mieux faire qch.	*Elle aime mieux rester chez elle.*
Aller faire qch.	*Je vais attendre mes amis à la gare.*
Assurer faire qch.	*Il assure s'occuper des enfants.*
Avoir beau faire qch.	*J'ai beau faire et beau dire, il ne comprend rien.*
Affirmer faire qch.	*J'affirme être venu à l'heure au rendez-vous.*
Avouer avoir fait qch.	*Il a avoué avoir attaqué la banque.*
Compter faire qch.	*Elle compte trouver du travail.*
Courir faire qch.	*Je cours prendre mon train.*
Croire faire qch.	*Elle croit aider les pauvres.*
Daigner faire qch.	*Il daigne saluer ses ouvriers.*
Déclarer faire qch.	*Je déclare dire la vérité, toute la vérité.*
Descendre faire qch.	*Je descends t'ouvrir la porte.*
Désirer faire qch.	*Je désire étudier le chinois.*
Détester faire qch.	*Je déteste faire le ménage.*
Devoir faire qch.	*Je dois payer mes impôts avant demain.*
Entendre bien faire qch.	*Elle entend bien aller jusqu'au bout de son action.*
Espérer faire qch.	*Il espère réussir à ses examens.*
Être censé faire qch.	*Il est censé savoir manipuler un ordinateur.*
Être supposé faire qch.	*Il est supposé réparer la voiture.*
Faillir faire qch.	*Il a failli tomber du 3ᵉ étage.*
Faire faire qch.	*J'ai fait faire une enquête sur cette personne.*
Falloir faire qch.	*Il faut dire les choses telles qu'elles sont.*
Laisser faire qch.	*Ne vous inquiétez pas. Laissez faire, laissez dire.*
Monter faire qch.	*Il est monté réparer l'antenne télé.*
Nier avoir fait qch.	*Il a nié avoir attaqué la banque.*

Oser faire qch.	*Il a osé frapper son père.*
Paraître faire qch.	*Elle paraît dire la vérité.*
Penser faire qch.	*Il pense faire construire sa maison.*
Pouvoir faire qch.	*Elle pourra dire tout ce qu'elle veut je ne le ferai pas.*
Préférer faire qch.	*Je préfère travailler en province.*
Prétendre faire qch.	*Elle prétend avoir raison.*
Proclamer faire qch.	*Il proclame libérer les prisonniers politiques.*
Raconter avoir fait qch.	*Il raconte avoir chassé le lion en Afrique.*
Reconnaître faire qch.	*Je reconnais gagner beaucoup d'argent sur ces ventes.*
Rentrer faire qch.	*Je rentre finir mon travail.*
Retourner faire qch.	*Je retourne chercher ce que j'ai oublié.*
Revenir faire qch.	*Je reviens visiter votre beau pays.*
Savoir faire qch.	*Elle sait faire la cuisine.*
Sembler faire qch.	*Il semble souffrir beaucoup. Il semble travailler sérieusement.*
Se figurer faire qch.	*Il se figure pouvoir faire tout ce qui lui plaît.*
S'imaginer faire qch.	*Il s'imagine pouvoir commander tout le monde.*
Se rappeler avoir fait qch.	*Elle se rappelle avoir chanté à l'Olympia.*
Supposer faire qch.	*Elle suppose pouvoir gagner son procès.*
Souhaiter faire qch.	*Je souhaite aider les jeunes à s'installer.*
Venir faire qch.	*L'infirmière est venue faire la piqûre.*
Vouloir faire qch.	*Il veut ouvrir une boîte de nuit.*
Il vaut mieux faire qch.	*Il vaut mieux dire la vérité tout de suite.*

- L'infinitif se rapporte au complément ou à un terme non exprimé (on)

Apercevoir qn faire qch.	*J'ai aperçu ta femme parler avec le curé.*
Écouter qn faire qch.	*J'ai écouté le député dire qu'ils allaient baisser les impôts.*
Entendre qn faire qch.	*J'ai entendu quelqu'un dire qu'on allait fermer l'usine.*
Regarder qn faire qch.	*Il a regardé son enfant dormir.*
Sentir qn faire qch.	*Il a senti son frère se lever sans faire de bruit.*
Voir qn faire qch.	*Elle a vu un homme s'enfuir.*

▢ Formes impersonnelles qui fonctionnent avec de + un infinitif

Il est bon de faire qch.	*Il est bon de faire la lumière sur cette affaire.*
Il est difficile de faire qch.	*Il est difficile de travailler dans ces conditions.*
Il est fâcheux de faire qch.	*Il est fâcheux de croire que tous les chômeurs sont des paresseux.*
Il est désirable de faire qch.	*Il est désirable de devenir riche.*
Il est facile de faire qch.	*Il est facile de critiquer les autres.*
Il est important de faire qch.	*Il est important de savoir s'arrêter à temps.*
Il est naturel de faire qch.	*Il est naturel d'aider ses enfants.*
Il est nécessaire de faire qch.	*Il est nécessaire de contrôler l'entrée des écoles.*
Il est préférable de faire qch.	*Il est préférable de prendre le métro.*
Il est question de faire qch.	*Il est question de construire un pont sur la Gironde.*
Il est temps de faire qch.	*Il est temps de prendre les mesures qui s'imposent.*
Il est utile de faire qch.	*Il est utile de ne pas polluer la rivière.*
Il importe de faire qch.	*Il importe de dire clairement les choses.*
Il suffit de faire qch.	*Il suffit de dire un mot pour tout arranger.*

▢ Verbes qui fonctionnent avec de + infinitif

- L'infinitif se rapporte au sujet

Accepter de faire qch.	*Elle accepte de venir avec nous.*
Achever de faire qch.	*Ils achèvent de rembourser leur emprunt.*
Affecter de faire qch.	*Il affecte de jouer au grand patron.*

Attendre de faire qch.	*Elle attend de savoir pour agir.*
Avertir de faire qch.	*Je vous avertis de ne jamais recommencer ça.*
Avoir besoin de faire qch.	*J'ai besoin de louer une voiture.*
Avoir coutume de faire qch.	*Elle a coutume d'aller au salon de thé tous les après-midi.*
Avoir le droit de faire qch.	*Il a le droit de vous empêcher de passer dans son champ.*
Avoir envie de faire qch.	*J'ai envie d'aller travailler à l'étranger.*
Avoir honte de faire qch.	*Elle a honte de faire ce métier-là.*
Avoir l'air de faire qch.	*Il a l'air de bien réussir dans son nouveau métier.*
Avoir raison de faire qch.	*Tu as eu raison de le mettre à la porte.*
Avoir le regret de faire qch.	*J'ai le regret de vous dire que je ne suis pas d'accord.*
Avoir tort de faire qch.	*Elle a tort d'avoir fait ce qu'elle a fait.*
Cesser de faire qch.	*J'ai cessé de fumer.*
Convenir de faire qch.	*Nous avons convenu de nous réunir toutes les semaines.*
Craindre de faire qch.	*Je crains de lui faire de la peine en lui disant cela.*
Décider de faire qch.	*J'ai décidé de mettre les pieds dans le plat.*
Dédaigner de faire qch.	*Il a dédaigné de nous avertir et de nous conseiller.*
Désespérer de faire qch.	*Je désespère de le voir devenir sérieux.*
Différer de faire qch.	*Le gouvernement a différé de privatiser la banque X.*
Douter de faire qch.	*Je doute de pouvoir la convaincre.*
Entreprendre de faire qch.	*Ils ont entrepris de reconquérir des parts de marché.*
Essayer de faire qch.	*Il essaie de s'implanter sur les marchés étrangers.*
Éviter de faire qch.	*Évitez de passer par là, c'est dangereux.*
Faire mieux de faire qch.	*Tu ferais mieux de faire ton travail.*
Feindre de faire qch.	*Elle a feint de regarder la vitrine.*
Jurer de faire qch.	*Il a juré de venger la mort de son frère.*
Manquer de faire qch.	*Il a manqué de faire échouer les négociations.*
Menacer de faire qch.	*Il menace de tuer tous les otages.*
Mériter de faire qch.	*Il mérite de faire partie de l'équipe de France.*
Négliger de faire qch.	*Il a négligé de faire sa déclaration d'impôts.*
Obtenir le droit de faire qch.	*Il a obtenu le droit d'ouvrir un casino.*
Offrir de faire qch.	*Ils ont offert d'exploiter la mine d'or.*
Oublier de faire qch.	*Elle a oublié de fermer le robinet de la salle de bains.*
Parler de faire qch.	*Le parti X parle de s'allier avec le parti Y.*
Prendre garde de faire qch.	*J'ai bien pris garde de ne rien dire à personne.*
Refuser de faire qch.	*Il a refusé de participer à cette guerre.*
Regretter de faire qch.	*Elle a regretté d'avoir à punir cet enfant.*
Rire de faire qch.	*Elle a ri de devoir se déguiser en clown.*
Risquer de faire qch.	*Il a risqué de mettre le feu à la maison.*
Rougir de faire qch.	*J'ai rougi de devoir demander une faveur.*
Trembler de faire qch.	*Il tremble de dire la terrible vérité à ses parents.*
Souffrir de faire qch.	*Je souffre de monter et descendre les escaliers plusieurs fois par jour.*
S'abstenir de faire qch.	*Il s'est abstenu d'intervenir dans la discussion.*
S'accuser de faire qch.	*Il s'est accusé d'avoir détourné de l'argent.*
S'aviser de faire qch.	*Elle s'est avisée de s'attaquer au record.*
Se charger de faire qch.	*Je me charge d'expédier ta lettre.*
Se contenter de faire qch.	*Il s'est contenté de les suivre.*
Se défendre de faire qch.	*Le ministre s'est défendu de faire pression sur la justice.*
Se dépêcher de faire qch.	*Il s'est dépêché de vendre ses actions.*
Se dispenser de faire qch.	*Dispense-toi de faire du mauvais esprit.*
S'efforcer de faire qch.	*Il s'efforce de faire avancer les négociations.*
S'empresser de faire qch.	*Elle s'est empressée de les dénoncer à la police.*
S'ennuyer de faire qch.	*Ça m'ennuie de vous le dire, mais c'est mon devoir.*
S'étonner de faire qch.	*Je suis étonné d'avoir réussi cette performance.*

S'excuser de faire qch.	*Excusez-moi de vous déranger.*
Se féliciter de faire qch.	*Je me félicite d'avoir voté cette loi.*
Se flatter de faire qch.	*Il se flatte de l'avoir fait nommer à ce poste.*
Se garder de faire qch.	*Je me garderai bien d'intervenir dans vos histoires.*
Se glorifier de faire qch.	*Il se glorifiait d'avoir tué des innocents pendant la guerre.*
Se hâter de faire qch.	*Elle se hâte de rentrer chez elle.*
Se lasser de faire qch.	*Elle se lassa de l'attendre chaque jour.*
Se mêler de faire qch.	*Je me suis mêlé d'arrêter les importations clandestines.*
Se passer de faire qch.	*Je me passerais bien d'aller travailler.*
Se presser de faire qch.	*Il s'est pressé de montrer son savoir faire.*
Se proposer de faire qch.	*Je me propose de vous emmener en promenade.*
Se réjouir de faire qch.	*Elle se réjouit de recevoir les enfants.*
Se repentir de faire qch.	*Elle se repentit d'avoir fait ce qu'elle a fait.*
Se souvenir d'avoir fait qch.	*Elle se souvient de leur avoir donné l'autorisation.*
Se vanter de faire qch.	*Il se vante de finir avant nous.*

- L'infinitif se rapporte au complément direct

Accuser qn de faire qch.	*J'ai accusé mes voisins de nuire à la tranquillité.*
Blâmer qn de faire qch.	*Je te blâme de n'avoir pas tenu ta parole.*
Charger qn de faire qch.	*J'ai chargé mon père de s'occuper de cette question.*
Dispenser qn de faire qch.	*Elle a dispensé cet élève d'aller en gymnastique.*
Empêcher qn de faire qch.	*Ils ont empêché les gens d'approcher.*
Exempter qn de faire qch.	*Il a été exempté de faire son service militaire.*
Excuser qn de faire qch.	*Je t'excuse d'avoir cassé cette glace.*
Féliciter qn de faire qch.	*Je te félicite d'avoir gagné ce match.*
Persuader qn de faire qch.	*Il l'a persuadé de s'excuser.*
Prier qn de faire qch.	*Je te prie de te taire.*
Punir qn d'avoir fait qch.	*Elle a puni cet élève d'avoir copié sur sa voisine.*
Remercier qn de faire qch.	*Je vous remercie d'aider ces enfants à vivre.*
Soupçonner qn de faire qch.	*Je la soupçonne de recevoir ce jeune homme chez elle.*
Supplier qn de faire qch.	*Je te supplie de me laisser tranquille.*

- L'infinitif se rapporte au complément indirect

Commander à qn de faire qch.	*J'ai commandé aux ouvriers d'accélérer les cadences.*
Conseiller à qn de faire qch.	*Il a conseillé à son fils de prendre une assurance.*
Défendre à qn de faire qch.	*J'ai défendu aux enfants de sauter sur le lit.*
Ordonner à qn de faire qch.	*Le ministre a ordonné aux policiers d'accélérer l'enquête.*
Pardonner à qn de faire qch.	*Je pardonne aux jeunes d'avoir volé ma mère.*
Permettre à qn de faire qch.	*Il a permis à ses voisins de prendre des légumes dans le jardin.*
Prescrire à qn de faire qch.	*Le médecin a prescrit à son patient de faire une cure.*
Promettre à qn de faire qch.	*Je te promets d'intervenir auprès du ministre.*
Proposer à qn de faire qch.	*Il a proposé aux syndiqués de se mettre en grève.*
Recommander à qn de faire qch.	*Je te recommande de faire attention à ta santé.*
Reprocher à qn de faire qch.	*Je te reproche de dire des contre-vérités.*
Souhaiter à qn de faire qch.	*Je te souhaite de réussir ta vie.*
Suggérer à qn de faire qch.	*J'ai suggéré aux enfants d'aller pique-niquer en forêt.*
En vouloir à qn de faire qch.	*J'en veux à ma mère de m'avoir empêché d'être marin.*

■ Verbes qui fonctionnent avec à + infinitif

- L'infinitif se rapporte au sujet

Aimer à faire qch.	*J'ai aimé à chercher la vérité dans la connaissance.*
Apprendre à faire qch.	*Ils lui ont appris à tuer. J'ai appris à respecter les autres.*

Arriver à faire qch.	*Maintenant, il arrive à marcher tout seul.*
Aspirer à faire qch.	*Il aspire à diriger une grande société.*
Chercher à faire qch.	*Il cherche à nuire à ses concurrents.*
Commencer à faire qch.	*Je commence à croire qu'il est inintelligent.*
Concourir à faire qch.	*Ces mesures concourent à appauvrir un peu plus les pauvres.*
Consentir à faire qch.	*Il a consenti à faire des efforts.*
Continuer à faire qch.	*Elle continue à bien travailler en classe.*
Être réduit à faire qch.	*Ils sont réduits à demander de l'argent à la porte des églises.*
Être occupé à faire qch.	*Je suis occupé à peindre mes fenêtres.*
Exceller à faire qch.	*Il excelle à courir et à sauter.*
Hésiter à faire qch.	*Il hésite à s'engager dans l'armée.*
Jouer à faire qch.	*Les enfants jouent à faire la dînette.*
Parvenir à faire qch.	*Il est parvenu à démasquer les coupables.*
Passer (temps) à faire qch.	*Ils passent leur temps à jouer aux cartes.*
Persévérer à faire qch.	*Il persévère à rechercher ses parents.*
Persister à faire qch.	*Je persiste à penser que c'est lui qui a fait le coup.*
Prendre plaisir à faire qch.	*J'ai pris beaucoup de plaisir à bavarder avec vous.*
Rester à faire qch.	*Il me reste à envoyer les dernières pages.*
Réussir à faire qch.	*Il a réussi à isoler le virus.*
Renoncer à faire qch.	*J'ai renoncé à poursuivre les locataires.*
Songer à faire qch.	*Je songe à écrire mes mémoires.*
Tarder à faire qch.	*Il a tardé à donner l'alerte.*
Tendre à faire qch.	*Ces mesures tendent à redresser la situation financière.*
Tenir à faire qch.	*Je tiens à aller me recueillir sur leurs tombes.*
Travailler à faire qch.	*Je travaille à faire avancer le dossier d'indemnisation*
Viser à faire qch.	*Je vise à atteindre la tête du classement.*
S'acharner à faire qch.	*Elle s'est acharnée à détruire tout ce que nous avions fait.*
S'amuser à faire qch.	*Les enfants s'amusent à faire peur aux filles.*
S'appliquer à faire qch.	*Il s'applique à énerver tout le monde.*
S'apprêter à faire qch.	*Il s'apprêtait à s'enfuir quand…*
S'attacher à faire qch.	*Elle s'attache à bien travailler.*
S'attendre à faire qch.	*Il s'attend à partir pour l'étranger.*
Se borner à faire qch.	*Elle se borne à faire le strict minimum.*
Se décider à faire qch.	*Je me suis décidé à en parler à la police.*
Se disposer à faire qch.	*Ils se disposaient à partir avec l'argent quand…*
S'employer à faire qch.	*Il s'emploie à faire croire qu'il n'a plus d'argent.*
S'essayer à faire qch.	*Elle s'essaie à faire du cinéma.*
S'exposer à faire qch.	*Elle s'expose à être très critiquée.*
Se fatiguer à faire qch.	*Il se fatigue à cultiver son jardin.*
S'habituer à faire qch.	*Il s'habitue à se lever tôt.*
Se hasarder à faire qch.	*Je me hasarde à peindre.*
S'ingénier à faire qch.	*Tu t'ingénies à semer la zizanie entre nous.*
Se mettre à faire qch.	*Je me suis mis à étudier la guitare.*
S'obstiner à faire qch.	*Il s'obstine à vouloir maigrir.*
Se préparer à faire qch.	*Je me prépare à partir.*
Se refuser à faire qch.	*Je me refuse à accepter ces façons de faire.*
Se résigner à faire qch.	*Ils se sont résignés à aller se faire inscrire au chômage.*
Se résoudre à faire qch.	*Ils se sont résolus à se séparer de leur chien.*

* L'infinitif se rapporte au complément direct

Aider qn à faire qch.	*Je l'ai aidé à monter son affaire.*
Autoriser qn à faire qch.	*J'ai autorisé les voisins à prendre des fruits dans le jardin.*
Condamner qn à faire qch.	*Il a été condamné à travailler pour la commune.*

Contraindre qn à faire qch.	*Il a été contraint à vendre ses propriétés.*
Convier qn à faire qch.	*On a convié le député à venir inaugurer le pont.*
Décider qn à faire qch.	*Je l'ai décidé à partir travailler à l'étranger.*
Employer qn à faire qch.	*J'emploie cette jeune fille à contrôler les machines.*
Encourager qn à faire qch.	*J'ai encouragé cet étudiant à faire une thèse.*
Engager qn à faire qch.	*Je vous engage à travailler sérieusement.*
Forcer qn à faire qch.	*Je l'ai forcé à rembourser ses dettes.*
Habituer qn à faire qch.	*J'habitue mon chien à venir chasser.*
Inviter qn à faire qch.	*Je vous invite à faire faire la visite de votre voiture.*
Obliger qn à faire qch.	*Je vous obligerai à restituer ce que vous avez pris.*
Pousser qn à faire qch.	*Il l'a poussée à boire.*
Préparer qn à faire qch.	*Ils l'ont préparé à battre le record.*
Réduire qn à faire qch.	*Ils l'ont réduite à se prostituer.*

• L'infinitif se rapporte au complément indirect

Apprendre à qn à faire qch.	*J'ai appris à lire à ma petite fille.*
Enseigner à qn à faire qch.	*J'ai enseigné à mes enfants à rester honnêtes et bons.*

• Ça + Infinitif

Consister à faire qch.	*Ça consiste (ce travail) à ramasser les vieux papiers.*
Contribuer à faire qch.	*Ça contribue (ces mesures) à faire monter les prix.*
Servir à faire qch.	*Ça sert (cette machine) à couper les raisins.*
Suffire à faire qch.	*Ça suffit (cette installation) à faire peur aux voleurs.*

PRINCIPAUX NOMS QUI FONCTIONNENT AVEC DE + INFINITIF

L'adresse de faire qch.	*Il a eu l'adresse nécessaire pour réussir un sans fautes.*
L'âge de faire qch.	*Elle a maintenant l'âge de voler de ses propres ailes.*
L'air de faire qch.	*Elle a l'air de plaire.*
L'apparence de faire qch.	*Il a l'apparence de qn qui cherche un mauvais coup à faire.*
L'art de faire qch.	*Elle a l'art de dire des choses désagréables.*
L'audace de faire qch.	*Il a eu l'audace de venir chez moi.*
L'avis de faire qch.	*Ils ont reçu l'avis de fermer leur établissement.*
Le besoin de	*Je n'ai pas besoin de crier pour être entendu.*
Le bonheur de	*J'ai le bonheur de vous annoncer notre mariage.*
La capacité de	*Elle a la capacité de conduire une entreprise.*
La certitude de	*J'ai la certitude de m'en sortir.*
La chance de	*Elle a eu la chance de réussir.*
Le courage de	*Ils ont eu le courage de le dire et de le faire.*
La cruauté de	*Ils ont eu la cruauté de massacrer femmes et enfants.*
Le danger de	*C'est le danger de mettre le doigt dans l'engrenage.*
Le désir de	*J'ai le désir de réussir ma sortie.*
Le devoir de	*Tu as le devoir de les aider.*
La difficulté de	*Je connais la difficulté de conduire dans ces conditions.*
La douleur de	*Il a eu la douleur de perdre son enfant.*
Le droit de	*J'ai le droit de m'exprimer, non ?*
L'effet de	*L'explosion a eu pour effet de détruire la centrale.*
L'effort de	*Il a fait l'effort de remonter son retard.*
L'envie de	*J'ai eu envie de changer d'air.*
L'espoir de	*Il a l'espoir de guérir.*
La facilité de	*Tu as la facilité de pouvoir sortir.*
La façon de	*Ce n'est pas une façon de recevoir des amis.*

La faculté de	*Il a la faculté d'autoriser ou d'empêcher la sortie du livre.*
Le fait de	*Le fait de dire ça ne signifie rien.*
La fierté de	*J'ai eu la fierté de refuser cette décoration.*
La fièvre de	*C'est la fièvre de partir en voyage.*
La force de	*Il a eu la force de convaincre ses détracteurs.*
Le goût de	*Il a eu le bon goût de partir sans se faire prier.*
L'habileté de	*Il a eu l'habileté de négocier ce contrat.*
L'habitude de	*J'ai l'habitude de faire la sieste après le déjeuner.*
La honte de	*Elle a eu la honte de voir son fils emprisonné.*
L'impatience de	*Elle manifeste l'impatience de sortir.*
L'importance de	*Ce fait a l'importance de révéler l'ampleur de la crise.*
L'impossibilité de	*Je suis dans l'impossibilité de payer.*
L'imprudence de	*Elle a eu l'imprudence de se baigner dans cet endroit.*
L'incapacité de	*Il est dans l'incapacité de jouer ce match.*
L'inutilité de	*Rendez-vous compte de l'inutilité de résister.*
La joie de	*J'ai la joie de vous informer de la naissance de ma fille.*
Le loisir de	*Il a eu tout le loisir de fouiller les tiroirs.*
Le malheur de	*Elle a eu le malheur de perdre son frère.*
La manie de	*Elle a la manie de manger du chocolat.*
La manière de	*Ce n'est pas la bonne manière de faire avec lui.*
Le moment de	*Le moment n'est pas venu d'agir.*
Le motif de	*As-tu un motif de sortir ?*
Le moyen de	*Je n'ai pas les moyens de m'acheter une voiture.*
La nécessité de	*Il y a eu la nécessité de l'informer.*
L'occasion de	*J'ai eu plusieurs fois l'occasion de la rencontrer.*
L'obligeance de	*Ayez l'obligeance de me réveiller à sept heures.*
La paresse de	*Il a eu la paresse de rester au lit jusqu'à midi.*
La passion de	*Il a la passion de lire des romans policiers.*
La peine de	*Il s'est donné la peine de vous aider.*
La perspective de	*Il a la perspective d'être condamné à perpétuité.*
La peur de	*Elle a peur de sortir dans la rue.*
Le plaisir de	*J'aurai le plaisir de vous recevoir chez moi.*
La possibilité de	*Elle a la possibilité de se faire inviter.*
Le pouvoir de	*Je n'ai pas le pouvoir d'arrêter les enquêtes judiciaires.*
La prétention de	*Je n'ai pas la prétention de me croire le meilleur.*
Le prétexte de	*Quel est le prétexte de déplacer ce coffre ?*
La prudence de	*Il a eu la prudence de se cacher.*
La puissance de	*Quelle est la puissance de destruction de cet explosif ?*
La raison de	*Elle avait une bonne raison de partir.*
La sensation de	*J'ai eu la sensation de mourir.*
La soif de	*Elle a eu la soif de se venger.*
Le soin de	*Elle a pris le soin de mettre ses bijoux en lieu sûr.*
La sottise de	*Elle a eu la sottise de le croire.*
La surprise de	*Elle a eu la surprise de le voir entrer.*
L'utilité de	*Quelle est l'utilité de garder ces vieux habits ?*
La volonté de	*Il a la volonté de s'en sortir. (de la misère)*
Le vœu de	*J'ai fait le vœu de venger mon frère.*

Infinitif	Présent	Subjonctif	Passé simple	Conditionnel	Autres verbes
ÊTRE *Participe passé:* été *Participe présent:* étant	je suis tu es il est nous sommes vous êtes ils sont	que je sois que tu sois qu'il soit que nous soyons que vous soyez qu'ils soient	je fus tu fus il fut nous fûmes vous fûtes ils furent	je serais tu serais il serait nous serions vous seriez ils seraient	
AVOIR *Participe passé:* eu *Participe présent:* ayant	j' ai tu as il a nous avons vous avez ils ont	que j' aie que tu aies qu'il ait que nous ayons que vous ayez qu'ils aient	j' eus tu eus il eut nous eûmes vous eûtes ils eurent	j' aurais tu aurais il aurait nous aurions vous auriez ils auraient	
ALLER *Participe passé:* allé *Participe présent:* allant	je vais tu vas il va nous allons vous allez ils vont	que j' aille que tu ailles qu'il aille que nous allions que vous alliez qu'ils aillent	j' allai tu allas il alla nous allâmes vous allâtes ils allèrent	j' irais tu irais il irait nous irions vous iriez ils iraient	
FAIRE *Participe passé:* fait *Participe présent:* faisant	je fais tu fais il fait nous faisons vous faites ils font	que je fasse que tu fasses qu'il fasse que nous fassions que vous fassiez qu'ils fassent	je fis tu fis il fit nous fîmes vous fîtes ils firent	je ferais tu ferais il ferait nous ferions vous feriez ils feraient	
SAVOIR *Participe passé:* su *Participe présent:* sachant	je sais tu sais il sait nous savons vous savez ils savent	que je sache que tu saches qu'il sache que nous sachions que vous sachiez qu'ils sachent	je sus tu sus il sut nous sûmes vous sûtes ils surent	je saurais tu saurais il saurait nous saurions vous sauriez ils sauraient	
PARLER *Participe passé:* parlé *Participe présent:* parlant	je parle tu parles il parle nous parlons vous parlez ils parlent	que je parle que tu parles qu'il parle que nous parlions que vous parliez qu'ils parlent	je parlai tu parlas il parla nous parlâmes vous parlâtes ils parlèrent	je parlerais tu parlerais il parlerait nous parlerions vous parleriez ils parleraient	-ER
FINIR *Participe passé:* fini *Participe présent:* finissant	je finis tu finis il finit nous finissons vous finissez ils finissent	que je finisse que tu finisses qu'il finisse que nous finissions que vous finissiez qu'ils finissent	je finis tu finis il finit nous finîmes vous finîtes ils finirent	je finirais tu finirais il finirait nous finirions vous finiriez ils finiraient	-IR (-issant) agir, punir, réfléchir, rougir, mûrir, etc.

Infinitif	Présent	Subjonctif	Passé simple	Conditionnel	Autres verbes
POUVOIR *Participe passé :* pu *Participe présent:* pouvant	je peux tu peux il peut nous pouvons vous pouvez ils peuvent	que je puisse que tu puisses qu'il puisse que nous puissions que vous puissiez qu'ils puissent	je pus tu pus il put nous pûmes vous pûtes ils purent	je pourrais tu pourrais il pourrait nous pourrions vous pourriez ils pourraient	
DEVOIR *Participe passé :* dû *Participe présent:* devant	je dois tu dois il doit nous devons vous devez ils doivent	que je doive que tu doives qu'il doive que nous devions que vous deviez qu'ils doivent	je dus tu dus il dut nous dûmes vous dûtes ils durent	je devrais tu devrais il devrait nous devrions vous devriez ils devraient	
VOULOIR *Participe passé :* voulu *Participe présent:* voulant	je veux tu veux il veut nous voulons vous voulez ils veulent	que je veuille que tu veuilles qu'il veuille que nous voulions que vous vouliez qu'ils veuillent	je voulus tu voulus il voulut nous voulûmes vous voulûtes ils voulurent	je voudrais tu voudrais il voudrait nous voudrions vous voudriez ils voudraient	
FALLOIR *Participe passé :* fallu *Participe présent:* fallant	il faut	qu'il faille	il fallut	il faudrait	
VIVRE *Participe passé :* vécu *Participe présent:* vivant	je vis tu vis il vit nous vivons vous vivez ils vivent	que je vive que tu vives qu'il vive que nous vivions que vous viviez qu'ils vivent	je vécus tu vécus il vécut nous vécûmes vous vécûtes ils vécurent	je vivrais tu vivrais il vivrait nous vivrions vous vivriez ils vivraient	
NAÎTRE *Participe passé :* né *Participe présent:* naissant	je nais tu nais il naît nous naissons vous naissez ils naissent	que je naisse que tu naisses qu'il naisse que nous naissions que vous naissiez qu'ils naissent	je naquis tu naquis il naquit nous naquîmes vous naquîtes ils naquirent	je naîtrais tu naîtrais il naîtrait nous naîtrions vous naîtriez ils naîtraient	
MOURIR *Participe passé :* mort *Participe présent:* mourant	je meurs tu meurs il meurt nous mourons vous mourez ils meurent	que je meure que tu meures qu'il meure que nous mourions que vous mouriez qu'ils meurent	je mourus tu mourus il mourut nous mourûmes vous mourûtes ils moururent	je mourrais tu mourrais il mourrait nous mourrions vous mourriez ils mourraient	

Infinitif	Présent	Subjonctif	Passé simple	Conditionnel	Autres verbes
RENDRE *Participe passé :* rendu *Participe présent :* rendant	je rends tu rends il rend nous rendons vous rendez ils rendent	que je rende que tu rendes qu'il rende que nous rendions que vous rendiez qu'ils rendent	je rendis tu rendis il rendit nous rendîmes vous rendîtes ils rendirent	je rendrais tu rendrais il rendrait nous rendrions vous rendriez ils rendraient	attendre vendre répondre descendre mordre
METTRE *Participe passé :* mis *Participe présent :* mettant	je mets tu mets il met nous mettons vous mettez ils mettent	que je mette que tu mettes qu'il mette que nous mettions que vous mettiez qu'ils mettent	je mis tu mis il mit nous mîmes vous mîtes ils mirent	je mettrais tu mettrais il mettrait nous mettrions vous mettriez ils mettraient	permettre
PEINDRE *Participe passé :* peint *Participe présent :* peignant	je peins tu peins il peint nous peignons vous peignez ils peignent	que je peigne que tu peignes qu'il peigne que nous peignions que vous peigniez qu'ils peignent	je peignis tu peignis il peignit nous peignîmes vous peignîtes ils peignirent	je peindrais tu peindrais il peindrait nous peindrions vous peindriez ils peindraient	dépeindre craindre se plaindre atteindre teindre
VOIR *Participe passé :* vu *Participe présent :* voyant	je vois tu vois il voit nous voyons vous voyez ils voient	que je voie que tu voies qu'il voie que nous voyions que vous voyiez qu'ils voient	je vis tu vis il vit nous vîmes vous vîtes ils virent	je verrais tu verrais il verrait nous verrions vous verriez ils verraient	
BOIRE *Participe passé :* bu *Participe présent :* buvant	je bois tu bois il boit nous buvons vous buvez ils boivent	que je boive que tu boives qu'il boive que nous buvions que vous buviez qu'ils boivent	je bus tu bus il but nous bûmes vous bûtes ils burent	je boirais tu boirais il boirait nous boirions vous boiriez ils boiraient	
CONNAÎTRE *Participe passé :* connu *Participe présent :* connaissant	je connais tu connais il connaît nous connaissons vous connaissez ils connaissent	que je connaisse que tu connaisses qu'il connaisse que nous connaissions que vous connaissiez qu'ils connaissent	je connus tu connus il connut nous connûmes vous connûtes ils connurent	je connaîtrais tu connaîtrais il connaîtrait nous connaîtrions vous connaîtriez ils connaîtraient	paraître apparaître disparaître reconnaître
CROIRE *Participe passé :* cru *Participe présent :* croyant	je crois tu crois il croit nous croyons vous croyez ils croient	que je croie que tu croies qu'il croie que nous croyions que vous croyiez qu'ils croient	je crus tu crus il crut nous crûmes vous crûtes ils crurent	je croirais tu croirais il croirait nous croirions vous croiriez ils croiraient	

Infinitif	Présent	Subjonctif	Passé simple	Conditionnel	Autres verbes
VENIR *Participe passé :* venu *Participe présent :* venant	je viens tu viens il vient nous venons vous venez ils viennent	que je vienne que tu viennes qu'il vienne que nous venions que vous veniez qu'ils viennent	je vins tu vins il vint nous vînmes vous vîntes ils vinrent	je viendrais tu viendrais il viendrait nous viendrions vous viendriez ils viendraient	revenir, devenir prévenir se souvenir tenir, retenir obtenir entretenir
OFFRIR *Participe passé :* offert *Participe présent :* offrant	j' offre tu offres il offre nous offrons vous offrez ils offrent	que j' offre que tu offres qu'il offre que nous offrions que vous offriez qu'ils offrent	j' offris tu offris il offrit nous offrîmes vous offrîtes ils offrirent	j' offrirais tu offrirais il offrirait nous offririons vous offririez ils offriraient	couvrir découvrir ouvrir souffrir
PARTIR *Participe passé :* parti *Participe présent :* partant	je pars tu pars il part nous partons vous partez ils partent	que je parte que tu partes qu'il parte que nous partions que vous partiez qu'ils partent	je partis tu partis il partit nous partîmes vous partîtes ils partirent	je partirais tu partirais il partirait nous partirions vous partiriez ils partiraient	sortir sentir servir dormir suivre mentir
LIRE *Participe passé :* lu *Participe présent :* lisant	je lis tu lis il lit nous lisons vous lisez ils lisent	que je lise que tu lises qu'il lise que nous lisions que vous lisiez qu'ils lisent	je lus tu lus il lut nous lûmes vous lûtes ils lurent	je lirais tu lirais il lirait nous lirions vous liriez ils liraient	relire plaire déplaire
DIRE *Participe passé :* dit *Participe présent :* disant	je dis tu dis il dit nous disons vous dites ils disent	que je dise que tu dises qu'il dise que nous disions que vous disiez qu'ils disent	je dis tu dis il dit nous dîmes vous dîtes ils dirent	je dirais tu dirais il dirait nous dirions vous diriez ils diraient	interdire médire redire
ÉCRIRE *Participe passé :* écrit *Participe présent :* écrivant	j' écris tu écris il écrit nous écrivons vous écrivez ils écrivent	que j' écrive que tu écrives qu'il écrive que nous écrivions que vous écriviez qu'ils écrivent	j' écrivis tu écrivis il écrivit nous écrivîmes vous écrivîtes ils écrivirent	j' écrirais tu écrirais il écrirait nous écririons vous écririez ils écriraient	décrire inscrire
PRENDRE *Participe passé :* pris *Participe présent :* prenant	je prends tu prends il prend nous prenons vous prenez ils prennent	que je prenne que tu prennes qu'il prenne que nous prenions que vous preniez qu'ils prennent	je pris tu pris il prit nous prîmes vous prîtes ils prirent	je prendrais tu prendrais il prendrait nous prendrions vous prendriez ils prendraient	apprendre comprendre

INDEX

N° d'éditeur : 10128821 – Novembre 2005
Imprimé en France par Mame imprimeurs à Tours (n° 05102273)